Claudia Filker

10 ½ GUTE GRÜNDE ... IMMER WIEDER DENSELBEN MANN ZU KÜSSEN

BRUNNEN

VERLAG GIESSEN · BASEL

Für Hans-Georg – mit großer Dankbarkeit!

© 2007 Brunnen Verlag Gießen
www.brunnen-verlag.de
Lektorat: Petra Hahn-Lütjen
Umschlagfoto: IFA, Düsseldorf
Umschlaggestaltung: Ralf Simon
Satz: DTP Brunnen
Druck und Bindung: Ebner und Spiegel, Ulm
ISBN 978-3-7655-3909-1

INHALT

Vorausgeschickt   5

1. Grund:
Weil Mann und Frau füreinander
begabt sind   10

2. Grund:
Weil mich keiner besser versteht   20

3. Grund:
Weil er einfach der Beste ist   31

4. Grund:
Weil er einfach überraschend ist   46

5. Grund:
Weil es auf der Insel mit ihm
am schönsten ist   56

6. Grund:
Weil seine Küsse die besten sind   62

7. Grund:
Weil er mich so wunderbar ärgern kann   69

8. Grund:
Weil ich seine schlechten Eigenschaften
gar nicht mehr so schlecht finde   80

9. Grund:
Weil er der Vater meiner Kinder ist   89

10. Grund:
Weil wir noch viel miteinander vorhaben   100

... und noch 1/2 Grund:
Weil der, der etwas wagt,
viel gewinnen kann   108

VORAUSGESCHICKT

Warum haben Sie jetzt zu dem Buch gegriffen?

Weil Sie es sich doch auch so sehr wünschen: Immer wieder denselben Mann zu küssen – und das noch wirklich gern?

Weil es einfach eine wunderschöne Aussicht ist, wenn Mann und Frau miteinander durchs Leben gehen und miteinander alt werden? Also: derselbe Mann mit derselben Frau auf demselben Weg? Mit der Verbindung des Herzens? Das ist Ihr Wunsch?

Herzlichen Glückwunsch – um weniger soll es nicht gehen!

Achtung, liebe Männer!
Die gute Nachricht zuerst: Dies Buch ist auch für Sie geschrieben! Zugegeben: Ich spreche schon im Titel direkt die Frauen an, und das zieht sich durch alle Kapitel. Die Frauen sind die ersten Adressaten. Mit einem ganz einfachen Trick machen Sie als Mann dieses Buch zu Ihrem Buch: Überall wo „Mann" steht denken Sie sich „Frau", aus dem „Partner" wird die „Partnerin" usw. Eigentlich ganz einfach!

Kommt es Ihnen bekannt vor?

Ich treffe Nora, und sie erzählt mir von Susanne, die sich gerade von ihrem Mann Andreas getrennt hat. Ich telefoniere mit Elke, die darüber staunt, dass ich wohl die letzte bin, die noch nicht weiß, dass Birgits Mann Stefan eine Neue hat. Ich sitze mit Michael zusammen und traue mich gar nicht, ihn nach seiner Frau Astrid zu fragen, weil ich mir auf einmal nicht mehr sicher bin, ob die beiden überhaupt noch zusammen sind. Und tatsächlich: Er ging. Sie ging. Es ging nicht mehr. Sagen sie.

Jetzt habe ich dieses Buch geschrieben. Auch mit ein bisschen Wut im Bauch. Wut über die vielen M's und A's und B's und L's, die landauf, landab behaupten: „Es geht nicht mehr" oder „Neues Spiel, neues Glück".

Aber die Wut allein ist ein schlechter Ratgeber. Mit an meiner Seite habe ich einen viel motivierenderen Begleiter: meine Begeisterung. Ich bin fest davon überzeugt, dass Liebe zwischen Mann und Frau nur in einer beständigen Partnerschaft gedeihen und wachsen kann. Dort, wo sich zwei Menschen füreinander entschieden haben. Ganz. Ohne Wenn und Aber und das berühmte Hintertürchen.

„Wir wollen niemals auseinandergehen!" Jedes Paar, das Ja zueinander gesagt hat, unterschreibt diesen Satz. Aber was hält denn nun ein Paar zusammen? Gibt es Rezepte, wie es gelingen kann? Nach dem Motto: Mit zwei Stunden Lesevergnügen auf dem Weg zum großen Glück … Hoppla, wer redet hier vom großen Glück? Mein Anliegen sind Partnerschaften, in denen Mann und Frau ganz einfach von Herzen gern gemeinsam leben. Manche nennen diesen Zustand auch das große Glück.

Ja, und dafür habe ich ein paar Tipps bereit. Kurz, knapp, bündig. Mit dem Mut zur Lücke. Ich verspreche Ihnen: Wenn Sie einige Grundregeln für gelingende Beziehungen zur Kenntnis nehmen und dann ins Herz, in den Kopf, in den Mund, in die Hände, in die Füße rutschen lassen, werden Sie die Früchte ernten.

Wir brauchen in unseren Beziehungen nicht die großen Entwürfe und Analysen, sondern den wachen Blick und das liebende Herz, jeden Tag neu die Liebe zu leben und dabei ein paar Beschlüsse nicht zu vergessen!

Fällt einem das Glück denn wirklich in den Schoß?

Ja und nein: Ja, weil uns diese Möglichkeiten der Liebe und Partnerschaft zwischen Mann und Frau geschenkt sind. Also, es ist kein genetischer Defekt, wenn Mann und Frau aufeinander fliegen und aneinander hängen bleiben.

Nein, weil wir mit unserem Verstand und Herz unser ganzes Leben lang gefragt sind. Gelingende Ehen fallen nicht vom Himmel, sondern werden auf der Erde, zwischen Bett und Badezimmer, zwischen Gelsenkirchen und Donaueschingen, zwischen explodierender Verliebtheit und miteinander Altwerden gelebt.

Leider trennen sich viel zu viele Menschen eher von ihrem Partner als von besagten falschen Vorstellungen und Erwartungen.

Haben Sie es schon gewusst? Die Kunst besteht nicht darin, den einen richtigen Partner zu finden, sondern mit dem Partner, für den Sie sich entschieden haben, zu leben. Also den Richtigen immer wieder in demselben Mann, in der derselben Frau zu finden.

Das Buch ist ein Plädoyer für den langen Atem und den Mut, Neues zu entdecken und auszuprobieren, und vor allem dafür, falsche Vorstellungen von Partnerschaft über Bord zu werfen. Leider trennen sich viel zu viele Menschen eher von ihrem Partner als von besagten falschen Vorstellungen und Erwartungen.

Wenn dieses Buch erscheint, sind mein Mann und ich fast dreißig Jahre verheiratet. Ich weiß, wovon ich schreibe! Ich kenne Wut auf meinen Mann, das Gefühl, alles ist wichtig, nur ich nicht, und jetzt spielt er auch noch Tetris oder löst Kreuzworträtsel … Aber: Ich bin glücklich über das andere: Er ist der beste Mann, der mir über den Weg laufen konnte. Ich bin so froh, mit ihm verbunden zu sein.

Ist er der beste Mann, weil er der Einzige ist, den ich für dieses Glück hätte finden können? Nein! Wie gesagt: Ich glaube wirklich, wir alle könnten mit sehr unterschiedlichen Menschen auf diesem Erdball eine gelingende Beziehung leben. Das Geheimnis dazu liegt in unserem Entschluss und in der Achtsamkeit.

Durch dieses Buch werden sich deshalb wie ein **roter Faden** die **„Zauberworte" einer gelingenden Beziehung** ziehen:

- Achtsamkeit
- Dankbarkeit
- Respekt
- Wertschätzung.

Glauben Sie mir: Diese Begriffe mit Leben erfüllt begleiten und behüten unsere Beziehungen als treue Helfer und Freunde. Manchmal zeigen sie uns die rote Karte, wenn wir die Grenze überschritten haben, manchmal lassen sie uns zum Telefon greifen, um dem anderen ein freundliches Wort ins Herz zu legen oder geben uns im Supermarkt einen heißen Einkaufstipp, um eine Freude zu machen – einfach nur so.

Sie helfen uns in den alltäglichen Fallen, Tücken, Streichen, Gewohnheiten des Ehe-Alltags, wieder Licht, Luft, Nahrung, Ziele zu erhalten.

Ganz sicher gibt es mehr als 10 1/2 gute Gründe, immer wieder denselben Mann zu küssen. Aber fangen wir mit denen doch erst einmal an.

Noch ein Hinweis aus der Packungsbeilage: Dieses Buch ersetzt natürlich keinen Therapeuten. Manchmal braucht ein Paar professionelle Hilfe, um eine Partnerschaftskrise zu bewältigen. Mein Rat: Warten Sie damit nicht zu lange. Es gibt auch in Beziehungen die „durchgebrochenen Blinddärme". Manchmal ist das passiert, bevor die Beiden durch die Praxistür eines Eheberaters gehen. Und das ist schade, weil es dann zu spät sein kann.

Und dann gibt es da die richtig harten Fälle: Süchte (Alkohol-, Drogen-, Spiel-, Ess-, Internet-Sucht), Gewalt, psychische Erkrankungen. Wenn Sie, wenn Ihr Partner davon betroffen ist, legen Sie dieses Buch getrost zur Seite und suchen Sie in den gelben Seiten nach der richtigen Telefonnummer. Oder auf den letzten Seiten dieses Buches. Allein überheben Sie sich! Scheuen Sie nicht den Weg in die fachliche Beratung.

Noch ein Lese-Tipp. Sie werden es beim Lesen selbst bemerken: Vieles, was für die Partnerschaft gilt, können wir auf andere Beziehungen in unserem Leben übertragen. Nehmen Sie dies als Lesefrucht mit. Ihre Kinder, Freundinnen, Kollegen werden davon profitieren.

1. Grund:
Weil Mann und Frau
füreinander begabt sind

Warum die Liebe eine wunderbare Erfindung ist und wir uns für sie entscheiden können

Kommt es Ihnen bekannt vor?

Ich rolle meinen bepackten Einkaufswagen zu meinem Wagen und habe einen Fast-Zusammenstoß mit Inga. Jahre haben wir uns nicht gesehen. „Hallo, na wie geht's?", frage ich höflich und bin innerlich schon beim Bepacken meines Wagens und dem nächsten Termin. „Ach, ganz gut ... Wieder ganz gut". Sofort spüre ich das „Mehr" hinter ihren Worten. Und schon sprudelt es, als ich ihr ein „Wieso, was war denn?" hinwerfe. Sie erzählt von Volker, ihrem Mann. Oder ihrem „nun Ex-Mann", wie man dann zu sagen pflegt. Und ich muss wieder mal an „Ex und hopp" denken. Also gut, von Volker ist die Rede. Vom Betrogenwerden. Diesem furchtbaren Schmerz: „Wir haben es dann noch einmal probiert. Aber er kam nicht mehr von ihr los. Jetzt bin ich mit den Kindern allein. Aber es geht mir ganz gut. Nur der Große vermisst seinen Papa so."

Alltägliche Geschichten.

Ich schlage die Zeitung auf und gehe zuerst auf meine Lieblingsseite: „Aus aller Welt", ein bisschen Klatsch und Tratsch über die Schönen und Berühmten. „Nein, bitte nicht auch er!", durchfährt es mich. Aber da steht es Schwarz auf Weiß: Wieder trennt sich einer dieser berühmten Hollywoodschauspieler von seiner Frau. Schade, ausgerechnet er! Dabei war er einer meiner Lieblingsschauspieler, erst recht, als ich einmal in einem Interview von seiner großen Liebe erfuhr, mit der er schon so lange verheiratet ist, und seinen vier Kindern. Und wie sie versuchen, trotz Hollywood und aller Berühmtheit ihren Kindern ein normales Familienleben zu ermöglichen. – Und nun doch: Trennung. Sie hat seine Affären nicht mehr ausgehalten. Ich will, dass es eine Zeitungsente ist.

Große und kleine Welten: Wieder eine Beziehung gescheitert. Fast zwangsläufig und normal, oder? Ein Gefühl der Furcht befällt mich manchmal. Ist Liebe vielleicht nur ein Trugschluss, eine lebenslange Beziehung zum Scheitern verurteilt, weil eine Liebe nicht durchhält, schlappmacht irgendwo zwischen dem zweiten Kind und dem Klimakterium?

Was Sie gewinnen

Weil die Liebe vom Himmel fällt

Wann haben Sie es das letzte Mal erlebt? Sie sitzen mit netten Menschen zusammen und plötzlich ist sie da, die Lovestory time. „Wo habt denn ihr euch so kennen gelernt?" Ich liebe sie, diese Wer-hat-sich-wann-wie-in-wen-verliebt-Geschichten. Eine Geschichte ist einfach schöner als die andere. Warum solche Geschichten mehr sind als sentimentale Erinnerungen? Weil die Verliebtheit eine gute Erfindung ist.

Weil sie eben nicht die große Täuschung, auf die unweigerlich die große Ent-Täuschung folgt, ist. Die Verliebtheit ist eine Art Vision, die Zusammenführung der Seelen zweier Menschen, die sich nun eine gemeinsame Zukunft vorstellen können.

In diesem Sinn fällt die Liebe uns erst einmal in den Schoß, oder sagen wir es ruhig: vom Himmel.

Und in einem anderen Sinn ist die Liebe das Geschenk des Himmels:

Die Liebe ist die wunderbare Möglichkeit, die der Schöpfer uns Menschen als Gabe ins Lebensgepäck gepackt hat. Mann und Frau sind füreinander geschaffen, es ist also kein „genetischer Defekt", wenn Lisa und Lukas, Andrea und Arno, Steffi und Sascha plötzlich aneinander hängen, sondern das ist als Bedürfnis uns Mensch in die Wiege gelegt: Wir brauchen Nähe, Treue, verlässliche Bindung, die Gewissheit, einzigartig zu sein. Wir brauchen das Du. Ein großes Lob über alle Freunde, Kinder und andere Menschen, die auch unser Du sind. Doch die Paarbeziehung bleibt etwas Besonderes.

Das bedeutet alles aber noch nicht, dass es deshalb einfach wäre, Liebe in einer auf Dauer angelegten Partnerschaft zu leben. Im Gegenteil: Einerseits leben wir in einer gesellschaftlichen Situation, in der die Partnerschaft einen hohen Stellenwert hat; andererseits sind Beziehungen so anfällig für den Verlust der Verbindlichkeit. Noch nie waren die Erwartungen an gelingende Liebe so groß, noch nie war Liebe so brüchig.

Weil Sie für die Liebe begabt sind

Nehmen Sie sich nicht selbst den Glauben an Ihre Liebesfähigkeit und an Ihre Möglichkeiten, Liebe zu empfangen! Auch wenn es manchmal vielleicht zum Verzweifeln ist. Oder wie ist das bei Ihnen?

Auch wenn ich Sie nicht persönlich kenne, ahne ich, was bei Ihnen vielleicht schief läuft. Wie Sie sich mit Ihrem Ehepartner in Gesprächen immer wieder verpassen; schreien, statt die Ruhe zu bewahren; beleidigt schweigen, statt über den Schatten zu springen und auf den anderen zuzugehen.

Warum das so ist? Auch wenn wir es nicht gerne hören – wir haben einen „Sprung in der Schüssel". Die Bibel redet sehr nüchtern von der „Sünde". Bitte keine schnellen Fluchtgedanken! Und keine Angst vor theologischer Theorie und verstaubtem Denken. Ich rede schlicht und ergreifend von den Realitäten Ihres und meines Lebens: von den vielen verpassten Chancen. Von dem, was jeden Tag bei Ihnen und bei mir zu Hause nicht gut läuft. Wenn sich die Gräben auftun, Eiszeit anbricht, Vulkane hochgehen.

In einer Partnerschaft ist bereits viel gewonnen, wenn *beide* um ihre Bedürftigkeit und Gefährdung wissen. So geraten beide viel seltener in diesen gefährlichen Strudel: „Wenn nur der andere sich ändern würde, wäre alles viel einfacher". Nein, an den Geduldsproben, Krisen, Spannungen sind immer beide beteiligt.

Aber dieser „Sprung in der Schüssel" ist nicht das letzte Wort. Das andere bleibt größer, weil Gott selbst zur Liebe steht. Deshalb bleibt Ihr wunderbarer Auftrag in dieser Welt: Wir bleiben Beschenkte und Begabte der Liebe. Ihre Familie und Ihre Freundschaften sind Ihr

"Übungsfeld Liebe". Lassen Sie sich das Zutrauen in Ihre Liebesfähigkeit nicht nehmen!

Warum wir es uns manchmal so schwer machen oder: Was die Liebe wirklich braucht – Voraussetzung für gelingende Partnerschaft

Ich bin ich, und du bist du

Warum denkt, handelt, fühlt, redet der andere nicht so, wie ich es tun würde? Viele Konflikte haben ihren Nährboden in unserer Unfähigkeit, von uns selbst wegzusehen und uns einmal nicht zum Maß aller Dinge, Handlungsweisen, Gedanken, Gefühle zu machen. Wie schnell nehmen wir in den Beziehungen (übrigens auch als Eltern unsere Kinder) die anderen gedanklich und mit unseren Erwartungen in unseren Besitz. Die Paartherapie nennt dieses übergriffige Verhalten „Kolonialisieren" des anderen:

Wir bleiben Beschenkte und Begabte der Liebe.

„Du sollst so sein, wie ich es mir vorstelle."

„Du sollst meine Erwartungen erfüllen – und das bitte möglichst ungefragt."

„Warum redest du jetzt nicht, ich würde es doch auch tun? Warum schweigst du nicht, ich würde es jetzt auch tun? Warum macht dich das nicht wütend, ich bin es doch auch? Warum … "

„Ich bin ich, und du bist du." Und deshalb bin ich zunächst einmal für mich selbst verantwortlich. Wir machen es gut einstudiert und gerne anders: Wir erklären den anderen für unser Glück (und übrigens auch für unser Unglück) verantwortlich.

Eine partnerschaftliche Beziehung lebt jedoch von diesem Rhythmus: Ganz bei sich sein können und sich dann ganz dem anderen wieder zuwenden. Hinwendung und Selbstständigkeit.

Das bedeutet, echte Bindung lässt sich ganz auf den anderen ein, erklärt die Beziehung für verlässlich und verbindlich, aber die Partner bleiben auch eigenständige Personen.

Keiner der beiden hat das Gefühl, ausgenutzt zu werden, zu kurz zu kommen, hingehalten zu werden.

Das ist Ausdruck einer reifen Liebe, und wir ahnen, wie belastet Beziehungen sind, wenn sich z.B. eine Frau stark über ihren Mann definiert. Wie anstrengend und gefährlich es wird, wenn ein Mann ängstlich – oder manchmal sehr aggressiv auf die berufliche Selbstständigkeit seiner Frau reagiert.

Ich bin wer – Selbstannahme ist die wesentliche Grundlage für gelingende Beziehungen

Ich bin wertvoll, liebenswert; es ist ein Glücksfall, mich zur Frau zu haben – reden Sie so von sich? Ich hoffe sehr. Denn erwarten Sie nicht genau das von Ihrem Partner? Er soll Ihnen mit Wertschätzung, Achtung entgegentreten, es natürlich glauben und es möglichst auch sagen, dass Sie sein Glücksfall sind. Achtung! Stoppschild! Zunächst bin ich selbst gefragt.

Ein erwachsener Mensch kann nicht genug geliebt werden, wenn er sich selbst nicht liebt und annimmt. Ein Mensch, der sich selbst nicht als liebenswert empfindet, der klettet, fährt Krallen aus, nörgelt gern und ausdauernd, übt direkt und subtil Macht aus. Das bedeutet: Gefahr im Verzug!

In einer gelingenden Beziehung dagegen weht ein Geist der Freiheit – nicht zu verwechseln mit Bindungslosigkeit. Es ist die Freiheit von dem überfordernden Anspruch, „perfekt" geliebt werden zu wollen und lieben zu „müssen". Dies steckt häufig hinter „klammernden" Partnern: Ein Partner muss permanent bewiesen bekommen, dass er geliebt ist und nicht verlassen wird. Das mag mit früheren Erfahrungen zusammenhängen oder mit einem fehlenden gesunden Selbstwertgefühl – aber das lässt sich leider nicht einfach einschalten wie ein anderes Fernsehprogramm. Aber es lässt sich etwas dafür tun.

Sich selbst Wertschätzung entgegenzubringen bedeutet, Verantwortung für die Beziehung zu übernehmen: „If you want a thing done, do it yourself", so ein englisches Sprichwort.

Oder geht es Ihnen eher wie Halle Berry, der exotischen Schönheit an der Seite von Geheimagent 007? Nach zwei gescheiterten Ehen lautet ihre (Zwischen-)Bilanz: „Ich brauche keinen Mann mehr, um mich erfüllt zu fühlen." Aha, sagt sich die kluge Leserin des GALA-Magazins, in dem die Schönen und Erfolgreichen zwischen Hollywood und Düsseldorf wie unter dem Mikroskop der Öffentlichkeit stellvertretend die Höhen und Tiefen von Liebe, Leben, Glück und Unglück zeigen müssen, so ist das also mit der Liebe und der Ehe: Wer genug Selbstbewusstsein hat und ein bisschen mehr als Kleingeld im Portemonnaie braucht doch keinen Lebenspartner mehr! Sagt ja Halle Berry.

Schauen wir noch etwas tiefer in das Seelenleben von

Halle Berry: Als Kind sei ihr beigebracht worden, zu Männern aufzublicken, beichtet sie: „Also habe ich immer auf den Märchenprinzen gewartet. Es hat lange gedauert, bis ich mir das richtige Selbstvertrauen erarbeitet habe."

In einem Punkt möchte ich Halle Berry unbedingt zustimmen: Wer zu seinem Lebenspartner aufblicken möchte, wer den Märchenprinz sucht, der ihn aus dem Aschenputteldasein erlösen soll, wird in der Beziehung mit ziemlicher Sicherheit scheitern, zumindest kein partnerschaftliches Miteinander erleben.

Denn, schwupp, ist er drin in der Romantikfalle:

„Der andere ist für mein Glück verantwortlich."

„Wenn ich endlich einen Lebenspartner gefunden habe, wird es mir gut gehen."

„Du bist mein Leben."

„Ich brauch nur dich für mein Glück."

Ein erwachsener Mensch kann nicht genug geliebt werden, wenn er sich selbst nicht liebt und annimmt.

Kommt Ihnen irgendeiner dieser Sätze bekannt vor?

Damit bewegen wir uns auf morastigem Grund, wir werden untergehen im Sumpf der Überforderung. Und schon verwandelt sich der Märchenprinz wieder in ein Froschwesen, das natürlich verantwortlich dafür ist, dass es mir nicht gut geht.

Kommen wir noch einmal zurück zu Halle Berry. Was ist ihre scheinbar logische Schlussfolgerung? „Ich brauche keinen Mann mehr, um mich erfüllt zu fühlen. Ich habe genug Selbstvertrauen." Aber Mrs. Berry, warum denn das Kind mit dem Bade ausschütten, pardon, den Partner mit dem eigenen Selbstvertrauen in die Bedeutungslosigkeit entlassen?

Wir müssen eigentlich nur die gute und die schlechte Nachricht begreifen:

Die schlechte Nachricht: Wer einen Partner sucht, damit er ihn so liebt, wie er sich selbst nicht lieben kann, sollte es besser sein lassen. Damit überfordern wir die Liebe ganz.

Die gute Nachricht: Wer sich selbst wertschätzt, gut findet, wer in den inneren Spiegel sieht und keinen Schrecken bekommt, derjenige, diejenige hat die besten Voraussetzungen für eine stabile Partnerschaft.

Puh – wenn das so einfach wäre! Schalter umgelegt und fertig? Natürlich nicht. Aber die Erfahrung zeigt, wie heilsam es ist, bestimmte Dinge zu erkennen.

Ich lebe jetzt – sich von der Vergangenheit lösen

Wie Beziehung zu funktionieren scheint, haben wir mit Muttermilch und Spinat in uns aufgenommen. Wie sich das mit oben und unten verhält, hat uns unser großer Bruder beigebogen. Verheiratet waren wir alle schon einmal – so sagt die Paarforschung, denn die Ehe unserer Eltern ist unser erstes Modell von Partnerschaft.

Deshalb haben viele Konflikte ihren Ursprung in der Herkunftsfamilie: Ein Mann hat Probleme mit starken Frauen und kämpft immer noch gegen die Übermacht der dominanten Mutter und anstrengenden großen Schwester. Groll und Hader binden.

Es ist richtig: Wir können unsere Vergangenheit nicht umschreiben, auslöschen. Aber wir können mit entscheiden, wie wir jetzt mit ihr umgehen.

- Wir vertrauen auf die Verheißung, die auf einer verbindlichen Lebensgemeinschaft liegt.
- Wir respektieren den anderen in seinem Anderssein.
- Wir sind zur Liebe begabt.

Wir ahnen die Freiheit, die in dieser Aussage steckt. Wir legen uns nicht fest auf die schlechten Erfahrungen. Ich lege mich nicht fest auf mein Versagen.

Übungen: Wir probieren es aus

☐ Erzählen Sie sich am Abend noch einmal Ihre „Weißt du noch, als wir uns verliebt haben?"-Geschichte. Ihre Version, seine Version.

2. GRUND:
WEIL MICH KEINER
BESSER VERSTEHT

Warum es sich lohnt, gut zuzuhören und sich klar auszudrücken

Kommt es Ihnen bekannt vor?

Kennen sie den: Ein LKW-Fahrer bremst scharf auf der Autobahn. Ein kleiner Frosch sitzt auf der Straße. Behutsam trägt der Mann den Frosch an den Rand und setzt ihn auf dem Gras ab. „Danke, guter Mann", quakt es plötzlich von unten, „du hast mich, den Froschkönig, gerettet, jetzt hast du einen Wunsch frei."

Der Brummi-Fahrer muss nicht lange überlegen: „Ich wünsche mir eine Autobahn von hier bis nach Amerika."

„O, das tut mir leid! Ich bin doch nur ein kleiner Froschkönig. Denk dir etwas anderes aus."

„Gut, wenn das so ist … ", nachdenklich fährt er über seine Bartstoppeln, „Dann wünsch ich mir: Ich will endlich meine Frau verstehen."

Flugs quakt das kleine Tier: „Nun sag schon, wie viele Spuren soll die Autobahn haben?"

Oder kennen Sie das:

Ich bin unterwegs und übernachte bei netten Gastgebern. Sie sind stolze Besitzer anspruchsvoller Toilettenpapierrollen. Auf jedem Blatt ist ein kluger Spruch gedruckt! Mich hat dieser Satz erwischt: „Viele Menschen reden, ohne sich zu verstehen. Liebende verstehen sich, ohne zu reden." Diesen Spruch spül ich wohl besser mal in die Toilette, denn mehr ist er nicht wert.

Was Sie gewinnen

Leben miteinander teilen heißt auch immer sich mitteilen. Menschen sind mit der Sprache beschenkt. Wir geben unserem Leben gerade mit Worten Ausdruck. Fast jedes Zusammentreffen zwischen Menschen bekommt durch Worte seinen besonderen Klang oder Missklang. Schon die kleine Begegnung im Supermarkt an der Kasse wird durch ein freundliches hin- und hergeschenktes „Guten Morgen" verändert.

Erinnern Sie sich an das, was ich eingangs sagte: Wir sind für die Liebe (1. Kapitel). Diese Liebe braucht Worte. Worte sind keine Krücken, sondern Brücken. Aber manche Worte reißen auch Brücken ein. Es ist schon auffällig, wie viel Beachtung die Bibel der Wirkung der Zunge schenkt: „Tod und Leben stehen in der Zunge Gewalt" (Sprüche, Kapitel 18, Vers 21). Und wie treffend ist dies: „So ist auch die Zunge ein kleines Glied und richtet große Dinge an" (Jakobusbrief, Kapitel 3, Vers 5).

Zum Glück können wir gelingende Kommunikation trainieren. Beachten Sie die „Naturgesetze" guter Kommunikation! Sie springen doch auch nicht von einer Mauer und wundern sich, dass Sie fallen und eben nicht fliegen. Klar: Sie kennen das Naturgesetz der Schwerkraft. Wir beachten diese Naturgesetze, weil es uns unsere – manchmal schmerzhaften – Erfahrungen gelehrt haben, schon aus purem Selbstschutz und nicht erst, seit sie uns in der Schule der Physiklehrer mühsam beigebracht hat. Leider begehen wir in unserer Kommunikation ständig gefährliche „Mauersprünge" und wundern uns über Prellungen. Wir beachten die Naturgesetze gelingender Kommunikation nicht. Eigentlich wissen wir auch in der Kommunikation aus „Erfahrung", was uns gut tut und was nicht. Und wir handeln oft nicht danach. Stattdessen bleiben wir bei: „Angriff ist die beste Verteidigung" – das ist so ein Mauersprung. Oder: „Was ich dir schon immer mal sagen wollte". „Nie machst du", „Immer hast du." Blaue Flecken an der Seele sind absehbar.

Fast jedes Zusammentreffen zwischen Menschen bekommt durch Worte seinen besonderen Klang oder Missklang.

Und wie geht es anders?

„Ich möchte dich verstehen."
„Ich möchte verstanden werden."

In diesen beiden Kurzsätzen verbirgt sich Wohl und Wehe der Beziehungen. Beides soll, beides muss gelingen, damit die freundschaftliche Verbundenheit gedeihen kann.

Ich begleite als Kommunikationstrainerin in Workshops Paare, die ein Wochenende investieren, um die Kommunikation in ihrer Partnerschaft zu verbessern. Die Paare trainieren dabei diese „Naturgesetze" gelingender Kommunikation:

Sprachregeln der Liebe – die „Naturgesetze" gelingender Kommunikation

Menschen möchten „ankommen" und verstanden werden. Es gibt gute Regeln, die uns beim Zuhören und Sprechen helfen.

Schauen Sie sich immer wieder diese Regeln an. Verständigen Sie sich als Paar darauf, in Gesprächen diese Regeln einzuhalten. Es lohnt sich!

Wenn ich rede ...

1. **... spreche ich von mir.**
   Jeder der beiden Partner soll von seinen eigenen Gedanken, Gefühlen sprechen, also in „Ich ..."-Sätzen.
   „Du ..."-Sätze sind meist Vorwürfe und Anklagen, die Gegenvorwürfe und Verteidigung hervorrufen.
   Probieren Sie es: „Ich möchte", „Ich fühle", „Ich wünsche mir ..."

2. **... benenne ich eine konkrete Situation.**
   Es ist gut, von konkreten Situationen und Anlässen zu sprechen. Verallgemeinerungen wie „immer" und „nie" bitte vermeiden!

3. **... beschreibe ich ein konkretes Verhalten.**
   Sprechen Sie von konkretem Verhalten in bestimmten Situationen. Vermeiden Sie es, zu werten oder negative Eigenschaften zuzuschreiben, wie: „Du bist nie aktiv/langweilig/unfähig".

4. … bleibe ich beim Thema.
Bleiben Sie im Hier und Jetzt, greifen Sie nicht auf die Vergangenheit zurück. Halten Sie keinen „Generalabwasch".

5. … öffne ich mich und sage, was in mir vorgeht.
Anklagen und Vorwürfe lassen sich vermeiden, wenn jeder seine Gefühle und Bedürfnisse (möglichst zunächst unkommentiert!) direkt äußern kann und auch äußert.

Wenn ich höre …

1. … zeige ich, dass ich aufmerksam zuhöre.
Ich zeige mein Interesse durch unterstützende Gesten wie Nicken oder kurze Einwürfe wie „hm" oder „aha". Wichtig sind der Blickkontakt und die zugewandte Körperhaltung.

2. … fasse ich das Wesentliche zusammen.
Die wesentlichen Aussagen des Sprechers werden mit eigenen Worten zurückgemeldet, um sicherzustellen, dass man ihn verstanden hat. Achtung: Das ist sehr wichtig!

3. … stelle ich Fragen nach Wünschen und Gefühlen.
Ich frage gezielt nach Wünschen und Gefühlen. Aber Achtung: Ich urteile nicht und will nicht vorschnell interpretieren. Also frage (!) ich: „Hast du dich unsicher gefühlt?", anstatt vorschnell – und vielleicht falsch – zu schließen: „Das liegt an deiner Unsicherheit."

4. ... lobe ich das Gesprächsverhalten.
Ich will darauf achten, den anderen zu loben und zu ermutigen: „Das freut mich, dass du mir das so offen und klar gesagt hast."

5. ... melde ich zurück, welche Gefühle das Gehörte bei mir auslöst.
Nicht immer kann ich als Zuhörer mit Verständnis auf das Gehörte reagieren. Dann ist es gut, das ausgelöste Gefühl zurückzumelden: „Ich bin verblüfft, dass du das so siehst".

Stopp! Bitte lesen Sie den Text ein zweites Mal. Sie bekommen damit nämlich einen *Schlüsselbund* in die Hand gedrückt. Lernen Sie die einzelnen Schlüssel gut kennen!

Erinnern Sie sich an die „Zauberworte" Achtsamkeit, Respekt, Wertschätzung, Dankbarkeit (s. „Vorausgeschickt")? Hier bekommen Sie nun zu den Zauberworten für eine achtsame, respektvolle, wertschätzende, dankbare Kommunikation eine *Sprachhilfe*. Das heißt auch, es gilt – um es in der Fußballsprache zu sagen – eine rote Karte für „geöffnete Fässer", Steilangriffe, bei denen der andere sich nur noch hinter Mauern verstecken kann oder zum Gegenangriff loslegt oder sich rechtfertigt. Die rote Karte gibt es auch für entsprechendes Verhalten ohne Worte. Also bitte kein verächtliches Augenrollen oder Verschanzen hinter dem Computer – all dies ist ein Missachten der Sprachregeln der Liebe.

Ist es nicht zu schön, um wahr zu sein? Mir helfen diese Regeln sehr! Nicht weil ich sie immer wie von selbst beachten würde, sondern weil ich in ihnen ein schützendes Geländer sehe, auf das ich immer wieder zurückkommen kann. Natürlich kenne ich nur zu gut bei mir die Abstürze in unfaire Angriffe, unsinnige Verallgemeinerungen, Zynismus und Ironie. Dass ich wieder einmal zu viel rede und zu wenig höre. Aber ich bin so froh, die guten Wege zu kennen, mich erinnern zu können, zu wissen, auf welchen Wegen wir das Ziel, nämlich Verstehen und Verstanden werden, erreichen. Und sie dann auch tatsächlich immer wieder zu gehen.

Zu Freunden und Kollegen sind wir oft höflicher als zu unseren Ehemännern.

Wie reden Sie mit Ihrem Mann, wie redet er mit Ihnen? Die Kommunikation, vor allem die konfliktträchtigen Gespräche sind ein Barometer dafür, wie es um die „Zauberworte" Achtsamkeit, Respekt, Wertschätzung, Dankbarkeit bei Ihnen zu Hause steht.

Wir gehen leider sehr oft in unseren Beziehungen respektlos miteinander um. Zu Freunden und Kollegen sind wir oft höflicher als zu unseren Ehemännern. „Na, der kennt mich doch am besten und muss mich so nehmen wie ich bin", rechtfertigen wir uns selbst. Wenn wir doch wüssten, wie sehr Unachtsamkeit und Respektlosigkeit verletzt! – Wenn wir wüssten? Wir wissen es doch, oder?

Warum wir es uns manchmal so schwer machen

Wir springen und wollen fliegen
Lassen Sie uns bitte nicht um den heißen Brei herumreden. Verstehen und Verstanden werden hat Regeln (siehe oben – am besten gleich noch einmal!). Die kennen wir – und missachten sie, oder aber wir kennen manche noch gar nicht. Beides ist nur dann ein Unglück, wenn wir daran nichts ändern. Also – los geht's!

Wenn einer schweigt und einer spricht, das nennt sich …
Ja, so sieht es bei vielen Paaren aus. „Mein Mann redet einfach nicht, immer verschanzt er sich hinter seinem Computer", sagt sie. „Sie erschlägt mich einfach mit ihren vielen Worten. Mir fällt dann nichts mehr ein", sagt er.

In vielen Beziehungen ist die statistische Wortverteilung weiblich-männlich tatsächlich so. Mein Tipp: Legen Sie sich doch nicht selbst fest! Wagen Sie lieber ein neues Programm. Wenn Sie zum Reden neigen – hören Sie mal „eine Portion länger" zu, versuchen Sie selbst einmal weniger Worte zu machen. Und natürlich umgekehrt, wenn Sie eher ein schweigsamer Typ sind.

Gesprächskillern auf der Spur
Falscher Ort, falsche Zeit: Grundsatzgespräche zwischen Tür und Angel oder nachts zwischen 24.00 Uhr bis zum „komatösen" Abtritt eines Partners, das muss doch nicht sein. Verschieben Sie Gespräche. Aber bitte konkret! Vereinbaren Sie feste „Gesprächstermine", die Sie sogar in den Kalender eintragen.

„Wir müssen mal miteinander reden ... " – soll das eine Drohung sein?

Wie schade, dass für viele sich die intensiven Gespräche auf Problem- oder Konfliktgespräche reduzieren. Die guten Regeln helfen nämlich auch sehr beim „Schönen"!

Pflegen Sie in jeder Phase Ihrer Beziehung das partnerschaftliche Gespräch. Wie schnell reduziert sich die Kommunikation in der Partnerschaft aufs „Organisatorische" („Wie organisieren wir die nächste Renovierung?"), oder dreht sich nur noch um die Belange der Kinder („Wer geht zum nächsten Elternabend?"). Das sind willkommene Ablenkungsmanöver vom Selbst der Beziehung.

Das haben wir miteinander vor

Wir akzeptieren die „Naturgesetze" der gelingenden Kommunikation
Lernen Sie als Paar die Kommunikationsregeln kennen.

Ich will dich verstehen
Ist doch selbstverständlich? Nein, leider nicht! Die wichtige Kontrollfrage: Ist es mir ein wirkliches Anliegen, den andern zu verstehen, oder geht es mir nur darum, „mein Ding" durchzusetzen? In uns schlummert immer auch das kleine Kind, das sich als das Zentrum der Welt sieht, um das alles andere kreist.

Ich will mich verstehen
Eine vielleicht verblüffende Einsicht. Viele Konflikte entstehen, weil ich mir über meine Bedürfnislage nicht

im Klaren bin. Da ist vielleicht das Gefühl der diffusen Unzufriedenheit, Aggressionen erschrecken, Nörgeleien nerven. Vielleicht brauche ich im Moment mehr Abstand und Ruhe-Inseln, scheue mich aber, mir diesen Wunsch einzugestehen und umzusetzen. Je klarer Wünsche geäußert werden, umso leichter können Lösungen (oft sind es Kompromisse) gefunden werden.

Wir kennen unsere Fallen
In langjährigen Beziehungen haben sich Kommunikationsmuster eingeschliffen. Wer ist bei uns der Viel-Redner? Wer muss also vor allem das Zuhören trainieren? Wer hat sich mehr und mehr in die Rolle des Schweigers eingepackt? Wem von uns beiden fällt es schwerer, über Gefühle zu reden? Wer neigt zum „General-Abwasch"? Auch hier gilt: Selbsterkenntnis ist der erste Schritt zur (Ver-)Besserung!

Wir verbringen gemeinsame Zeit
Schaffen Sie sich in Ihrem Ehe-Alltag gemeinsame Ruhe-Inseln, in der Zeit für das gemeinsame, entspannte Gespräch reserviert ist. Wer sich das „Wir müssen miteinander reden" nur für den Ernstfall aufspart, wenn es anbrennt, verpasst so viel!

Wir üben uns in den Streicheleinheiten
Blättern Sie vor zum 3. Grund „Weil er einfach der Beste ist". Mit den Kommunikationsregeln lässt sich wunderbar die „Ich-hab-dich-gern"-Sprache pflegen.

Übungen: Wir probieren es aus

☐ Lernen Sie die Sprachregeln der Liebe auswendig. Kopieren Sie die Regeln mehrmals und platzieren Sie diese in Ihren Terminkalender, an Ihr Pinbrett, in „Ihre" Badezimmerecke ... und versuchen Sie die innere Logik zu verstehen.

☐ Die Ehrlichkeitsübung:
Beobachten Sie sich selbst! Ertappen Sie sich bei den alltäglichen Regelverstößen (auch im Gespräch mit Kindern, Kollegen usw.)?
Was fällt Ihnen besonders schwer? Das aufmerksame Zuhören? Verallgemeinern Sie schnell? Greifen Sie schnell an? Sagen Sie „Du ... ", statt beim „Ich" zu bleiben?

☐ Einfach mal ausprobieren:
Legen Sie sich die Regeln vor sich auf den Tisch und versuchen Sie als Paar ein Gespräch „nach Regeln".

Hinweis: Haben Sie Lust auf mehr? Schauen Sie doch im Internet nach, ob in Ihrer Nähe EPL- oder KEK-Kurse angeboten werden.

3. Grund:
Weil er einfach der Beste ist

Warum Dankbarkeit und Wertschätzung die Paar-Welt verändern

Kommt es Ihnen bekannt vor?

Eigentlich ein ganz normaler Dienstag. Dienstschluss um 17 Uhr. Andi geht nach Hause. Wie jeden Tag. Er ist pünktlich. Wie immer. Denn auf Andi ist Verlass. „Hast du an die Briefmarken gedacht?" Andi hört Ankes Stimme dumpf aus dem Guckloch der Waschmaschine heraus. Andi hat Glück, dass er sie fast verstanden hat. Anke redet oft mit dem Kühlschrank oder mit dem Herd oder der Spülmaschine, wenn sie ihn meint. Das spart Zeit. Eigentlich hätte Andi seine Frau jetzt gern in den Arm genommen, ihr einen Kuss gegeben. Sich mit ihr ein bisschen ausgeruht. Eine Tasse Kaffee getrunken.

Aber das bringt Ankes Tagesrhythmus durcheinander. Immerhin sollen um 19.00 Uhr die Kinder im Bett sein, und bis dahin ist noch einiges zu tun. Das Problem ist nur: Bei Anke ist immer was zu tun.

Auch auf Ralf ist Verlass. Vor allem auf seine treffsicheren Kommentare. Die beginnen schon beim Anblick der Schuhe im Flur, von deren Ordnung das Stimmungsbarometer abhängt. Stehen sie in Reih und Glied – prima, die Welt ist in Ordnung. Türmen sich die Schuhberge, dann ist der Abend gelaufen. Er hat sowieso oft das Gefühl: „Was macht Betti eigentlich den ganzen Tag? Sie mit ihrer Halbtagsstelle. Da könnte doch die Wohnung wirklich anders aussehen ... Und irgendwie hat sie die Kinder auch nicht im Griff – wie man an den Schuhbergen sieht."

Oder kennen Sie den: Kommt die Frau von einem Ehe-Vortrag nach Hause. Ganz begeistert erzählt sie ihrem Mann: „Also dieser Referent war ein toller Mann! Erzählt er doch: Immer wenn er heimkommt, rennt er zu seiner Frau, nimmt sie in den Arm und gibt ihr einen kräftigen Kuss. Das solltest du mal tun!"
„Quatsch", erwidert der Mann, „kompletter Blödsinn! Ich kenne diese Frau doch gar nicht!"

Was Sie gewinnen

Hand aufs Herz: Jede von uns könnte doch jetzt aus dem Stand die Dinge nennen, über die sie sich bei ihrem Partner echt ärgert, über die sie immer wieder stolpert.

Darf ich Ihnen eine Frage stellen: *Freuen Sie sich darüber, mit Ihrem Partner verbunden zu sein?*

Finden Sie schnell zu einem „Ja, na klar!"? Oder zögern Sie? Diese Frage hat „Barometer"-Charakter. Es geht um die *freundschaftliche Verbundenheit*. Sie ist der Dreh- und Angelpunkt aller Beziehungen. Es gibt viele gute Tipps von Fachleuten für die Konfliktbewältigung, es gibt gute Kommunikationsregeln usw. (auch in den nächsten Kapiteln dieses Buches werden Sie davon noch lesen), aber es bleibt alles Fassadenmalerei, wenn ein Paar nicht die freundschaftliche Verbundenheit als Fundament in ihrer Beziehung hat. Damit keine Missverständnisse aufkommen: Nicht die Verliebtheit, nicht das prickelnde Gefühl, nicht das gemeinsame Haus, nicht die Kinder, nicht das Geschäft, nicht der Kontostand sind entscheidend. Die freundschaftliche Verbundenheit hält ein Paar zusammen und lässt immer wieder auf erstaunliche Weise Vertrautheit und Nähe gedeihen.

Vielleicht haben Sie eben bei meiner Frage gezögert. Was also, wenn es gerade nicht „so optimal" ist?

Glücklicherweise können wir viel für diese freundschaftliche Verbundenheit tun, um sie zu beleben und zu erhalten.

Gefragt sind dafür die nun schon bekannten Zauberworte einer gelingenden Beziehung: Achtsamkeit, Dankbarkeit, Respekt, Wertschätzung. Ich habe Ihnen zu Beginn des Buches versprochen, dass sie sich wie ein roter Faden durchziehen werden.

Die freundschaftliche Verbundenheit hält ein Paar zusammen und lässt immer wieder auf erstaunliche Weise Vertrautheit und Nähe gedeihen.

Lassen Sie diese Worte klingen! Am liebsten würde ich Sie jetzt auffordern, sich ein kleines Zettelchen zu holen, auf das Sie unter der Überschrift „Freundschaftliche Verbundenheit" diese vier Begriffe schreiben. Ein Zettelchen für den Terminkalender. Zum Immer-wieder-draufgucken. Und wenn Sie gerade allein im Zimmer sind, dann sprechen Sie die Wörter einfach einmal laut aus: Achtsamkeit, Dankbarkeit, Respekt, Wertschätzung.

Mir helfen diese Wort-Schätze sehr, wahrscheinlich weil ich sie als Mahner so nötig habe. Machen wir uns die Gegensätze dieser Beziehungsfreunde deutlich:

Beziehungsfreunde	**Beziehungsfeinde**
Achtsamkeit	Gleichgültigkeit, Unachtsamkeit, Ignoranz, Vergesslichkeit, Unpünktlichkeit, Unzuverlässigkeit
Dankbarkeit	Gedanken wie „Ist doch selbstverständlich", „Kann ich auch erwarten", Undankbarkeit, Nörgelei
Respekt	Respektlosigkeit, Dominanz, Kontrolle
Wertschätzung	Abwertung, Geringschätzung, Ironie, Zynismus

Es geht jetzt nicht darum, alle Dinge, die uns quer kommen, herunterzuschlucken, alles unter den Teppich zu kehren, keine Bedürfnisse anzumelden. Aber ich rate Ihnen sehr zu dieser Gedanken-Filteranlage der vier Zauberworte.

Manchmal müssen wir nur die Perspektive verändern. Aber wie kann das denn geschehen? Lassen Sie diese vier Begriffe wie „Wachmacher" wirken! Sie haken sich bei mir im Erleben eines Tages oft überraschend ein. Manchmal sind sie wie ein Stoppschild. Sie lassen mich meine eigenen Worte hören, ich ertappe mich beim oberflächlichen Zuhören, sie helfen mir wachsam nachzufragen.

Zuallererst geht es um unser Herz und um unsere Augen, nämlich unsere Sichtweise. Perspektivenwechsel beginnt mit dem ersten Zauberwort: Dankbarkeit!

„Whoops!", sagen Sie vielleicht. Darunter haben Sie schon als Kind gelitten, wenn Ihre alte Tante Hedwig Sie nicht nur immer küssen wollte, wenn sie zu Besuch kam, sondern Ihnen die Tafel Schokolade mit den Worten in die Hand drückte: „Na, wie heißt das Zauberwort?" Natürlich wollte sie Ihr braves „Danke" hören.

Tante Hedwig hin oder her, die „Dankbarkeit" ist eine wichtige Ressource der Liebe. Aus einem einfachen Grund: Wir bekommen mit ihr einen wichtigen Schlüssel in die Hand gedrückt.

„Learning by heart" („mit dem Herzen lernen") nennt der Engländer das, was die Deutschen nüchtern und ein bisschen technisch mit „Auswendiglernen" übersetzen. Besser könnte man die Herausforderung für Beziehungsarbeit nicht beschreiben:

Dankbarkeit ist das Lernen mit dem Herzen.

Dankbarkeit ist eine Entscheidung. Die Entscheidung zum Perspektivenwechsel. Wer denkt, dankt.

Dankbarkeit verändert einen Menschen. Die Bibel hat in ihrer Mitte die „Psalmen", sie sind Gebete von Menschen in allen Lebenslagen. Immer wieder laden die Psalmbeter uns dazu ein: „Danket dem Herrn", „Schaut euch euer Leben an und dankt".

In der Psychologie gab es in den letzten zehn Jahren eine interessante Trendwende. Hatte man bis dahin vor allem die Defizite bei Menschen betrachtet („Unter welchen Umständen entwickeln Menschen psychische Auffälligkeiten, entstehen Ängste, Neurosen, Depressionen?") – also, „Was macht die Menschen krank?", betrachtet man in den vergangenen Jahren die psychischen Ressourcen des Menschen: Die so genannte „Positive Psychologie" fragt nach den Dingen, über die ein Mensch verfügt, die einem Menschen gut tun, die ihm helfen Stabilität zu entwickeln. So wurde auch die Dankbarkeit als wichtige Ressource für das seelische Gleichgewicht eines Menschen erforscht und neu entdeckt. Das Ergebnis: Ein Mensch, der immer wieder bewusst die Brille der Dankbarkeit aufsetzt, entwickelt erstaunlich mehr Zufriedenheit. Die Deutschen sollen Weltmeister im Meckern sein? Keine Ahnung. Seien Sie aber bitte keiner!

Dankbarkeit ist eine Entscheidung. Die Entscheidung zum Perspektivenwechsel. Wer denkt, dankt.

Was fällt Ihnen als Typ leichter – das Nörgeln und Meckern oder das Danken? Das Tadeln oder das Loben?

Warum wir es uns manchmal so schwer machen

Perspektivenwechsel: Wir sehen so gern das Negative
Wer verliebt ist, sieht den anderen in den schönsten Farben. Das ist keine Täuschung, sondern in dieser Zeit seine Sicht der Dinge. Es ist nicht ein Herzenswunsch („So soll er sein"), sondern der Herzensblick. Der andere macht mir in der Phase der Verliebtheit nichts vor, sondern ich erlebe ihn jetzt so. Er ist real. Ich habe mich als junges Mädchen Hals über Kopf in meinen Mann verliebt. Fast von einer Stunde zur anderen. Noch heute

nach über dreißig Jahren kann ich recht genau sagen, welche Dinge an ihm es bei mir haben funken lassen. Es war keine Täuschung, aber eben nur ein winziger Ausschnitt. Verliebtheit ist die Tür, durch die ein Paar in den Raum der Gemeinsamkeit tritt.

Die beiden Verliebten kommen zusammen, sie „gehen" zusammen, irgendwann folgt (hoffentlich) der Beschluss „Wir bleiben zusammen". Der Alltag zieht ein. Eine Ehe ist von ganz viel Alltag ausgefüllt – dies ist nichts Bedrohliches. Kaffeekochen, Kloputzen, ein „Tschüss bis heute Abend" und die Tagesthemen als Ritual sind nicht die Bauchlandung der Ehe mit automatischem Trottgeschmack, sondern Alltag als der nötigen Behausung für die Liebe. Die Paarseele findet ein Zuhause. Mit allen Ecken und Kanten. Denn natürlich trifft „Macke" auf „Macke". Eigenart stößt auf Eigenart.

Jetzt heißt es „Aufgepasst!". Nur zu schnell verschiebt sich der Fokus. Das Negative, das Störende, der scheinbare Mangel nimmt die Aufmerksamkeit gefangen. Vor allem, wenn man von Natur aus eher zu den Nörgler-Typen gehört. Ist erst einmal das Negativ-Programm installiert, fällt die Umstellung schwer.

Verliebtheit ist die Tür, durch die ein Paar in den Raum der Gemeinsamkeit tritt.

Also: Versuchen Sie eine Situation durch die Brille Ihres Partners wahrzunehmen, versuchen Sie seine Sicht der Dinge zu erfassen, „Ziehen Sie seine Kleider an." Gleich werden Ihnen Schritte dazu gezeigt, wie die Umorientierung gelingen kann.

Gedanken lassen einen die Wirklichkeit oftmals so erleben, wie sie im Kopf festgelegt sind. Negative Gedanken sind ein Abwärtsstrudel, positive Gedanken erstaunliche atmosphärische „Aufheller". In vielen Beziehungen ist die Grundstimmung „geladen", latent aggressiv, nervös, von Machtkämpfen durchsetzt. Ziel jeder Partnerschaft ist es, die positive Grundstimmung zu erhalten und zu bewahren oder aber zurückzugewinnen.

Wir nehmen uns so selbstverständlich

Gute Gewohnheiten, ein Alltag, der beiden ein Zuhause ist, Vertrautheit – all das lässt eine Beziehung gut laufen. Die Selbstverständlichkeit dagegen ist ein gefährliches Gift in der Partnerschaft. Es wirkt schleichend, kaum schmerzend, und kann doch tödlich sein. „Genieße das Leben mit deinem Weibe, das du lieb hast, solange du das eitle Leben hast", mahnt vor über 2500 Jahren schon ein weiser Mann der Bibel (Predigerbuch, Kapitel 9, Vers 9). „Solange du das eitle Leben hast" – also: Erhebe das Glas auf deinen Liebsten, denn eure Lebenszeit ist begrenzt. Auch die Trauformel „Bis dass der Tod euch scheidet" ist nicht eine Drohung („Hilfe, so lange müssen wir es miteinander aushalten!"), sondern die mahnende Erinnerung „Eure gemeinsame Zeit hat auf dieser Erde eine schmerzliche Grenze, den Tod".

Die Zeit ist Gottes Art, Kredit zu geben. Tun wir doch in unseren Beziehungen nicht so, als wäre unser Vorrat an Zeit unerschöpflich und wir müssten deshalb nicht aufs Kleingeld achten.

Ich las einmal von einem miteinander alt gewordenen Ehepaar. 57 Jahre verheiratet. Ihre Verbindung sei im Laufe der Jahre immer tiefer geworden, so drückten sie es aus – und sich dabei die Hände. Die Interviewerin fragte ihn, warum er denn seine Frau gern habe. Das machte ihn tatsächlich einen Moment sprachlos, bis er seine Frau anschaute und das wunderschöne Liebeswort sprach: „Weil du da bist."

Entdecken Sie die Tücken des Alltags
Die Bewährungsprobe der freundschaftlichen Verbundenheit ist eben doch der Alltag. Die Zauberworte Respekt, Wertschätzung, Achtsamkeit, Dankbarkeit haben ihr Kampffeld zwischen Bartstoppeln am Morgen und müdem Wegnicken vor dem Fernseher am Abend. Noch einmal: Alltag und Trott sind nicht identisch! Im Gegenteil: Jedes Paar muss im Alltag landen und sich mitten im Alltag sein Lebenshaus einrichten. Jedes Paar bekommt von Gott seinen „kleinen Schöpfungsauftrag". Gewohnheitsmäßiges und Alltägliches – immer gleiche Abläufe sind auch Heimat. Jeder von uns kennt dieses Gefühl. Auch wenn der Urlaub noch so schön war, wenn dann endlich alles wieder läuft, die Wäsche gewaschen ist, die Kinder wieder zur Schule gehen, die Arbeit am Schreibtisch wieder beginnen kann – das hat auch was sehr Schönes.

Kein Alltag, das wäre wie ein immerwährendes Festessen.

Aber Achtung, Falle!
Aufmerksamkeit ist angesagt, damit die eheliche Verbundenheit nicht in eine Wohn- und Zweckgemeinschaft mutiert.

Dankbarkeit, Respekt, Achtung, Wertschätzung (jetzt

kennen Sie sicherlich die Zauberworte!) sind nicht Gefühle, sondern eine innere Haltung, ein Beschluss. Die Feuerprobe ist der Alltag.

Die kleinen Aufmerksamkeiten, die den Alltag schmücken, verflüchtigen sich so leicht, dabei sind sie der Nährstoff der Liebe. Die „Habt-aufeinander-acht-Haltung" lässt Liebe im alltäglichen Geschäft überleben: Ich sehe dich, du bist mir wichtig, ich unterstütze dich, ich nehme dich wahr.

Bedenken Sie: Die große Liebe zahlt im Alltag meist in kleiner Münze. Wir unterschätzen sie oft, diese Kleingeld-Wirkung: Sie fragen Ihren Mann, ob er sich über eine Tasse Kaffee freut – eine kleine Münze. Ihr Mann kommt heim und hat ein Stück von Ihrem Lieblingskäse und eine gute Flasche Wein gekauft – eine kleine Münze. Ein Anruf während des Tages, die Nachfrage, ob die Kopfschmerzen, die am Morgen geplagt haben, denn jetzt weg sind – eine kleine Münze. Sie kommen nach Hause und begrüßen Ihren Partner mit dem Herzen – eine kleine Münze.

Die „Habt-aufeinander-acht-Haltung" lässt Liebe im alltäglichen Geschäft überleben.

Das haben wir miteinander vor

Ich registriere das Positive in unserer Beziehung und an meinem Partner

In dieser vermeintlichen Selbstverständlichkeit steckt viel Kraft. Weil in langjährigen Beziehungen der Blick schnell und oft magisch angezogen auf dem Negativen ruht, muss man sich umtrainieren. Es ist Trainingsarbeit wie bei einem Muskel, der wenig bewegt wurde. Ohne solches Training ist die Gefahr groß, dass sich die Vertrautheit in eine (ge-)dank(en)lose Gewohnheit wandelt! Dabei gibt es so viel am anderen zu entdecken, z.B.:

- Ihr Mann ist ein geschickter Bastler.
- Ihr Mann meistert in erstaunlicher Ruhe konfliktträchtige Gespräche mit den heranwachsenden Kindern.
- Ihr Mann hat morgens (meistens) gute Laune.
- Ihr Mann ist einfach zuverlässig.
- Ihr Mann kann Sie immer wieder charmant anlächeln.
- Ihr Mann erledigt viele Dinge wie selbstverständlich.
- Ihr Mann hat oft die Ruhe weg, wenn Sie gerade durchticken.
- Ihr Mann strahlt häufig Optimismus aus.
- Ihr Mann fährt zum Glück nicht auf Statussymbole ab.
- Ihr Mann ist sehr großzügig.
- Ihr Mann kommt pünktlich, wenn Sie irgendwo verabredet sind.

Ich spreche meine Bebachtungen aus

Aufmerksamkeit hat viele Facetten. Manchmal ist sie wortlos, aber die Wirkung des positiven Wortes ist nicht hoch genug einzuschätzen. „Da kann man gar nicht meckern", pflegen die Berliner zu sagen und meinen damit aufrichtig, so dem andern genug Lob zukommen zu lassen. „Wenn ich nicht meckere, weißt du doch, ist alles klar." Leider reicht „Nichtmeckern" nicht! Viele müssen die Aufmerksamkeits- und Lobsprache ganz neu lernen. Hier lohnt wie so oft ein Blick in die Herkunftsfamilie. Wie wurde bei Ihnen zu Hause mit Lob umgegangen? Spärlich? „Lob macht eitel und Eigenlob stinkt", hieß es vielleicht? Kein Wunder, wenn dieser Muskel unterentwickelt ist. Sagen Sie Ihrem Partner die Dinge, die Sie an ihm mögen! Immer wieder. Komplimente lassen aufblühen.

Wussten Sie schon, dass das Verhältnis von Lob, Anerkennung und Mutmachern auf der einen Seite und Kritik, Tadel auf der anderen Seite 5:1 betragen soll? Also: fünf Einheiten Positives zu einer Einheit Negatives.

Na, auch erschrocken?

Ich muss da auch noch viel üben!

Ich übe die Alltags-Romantik

Wir erinnern uns: Es geht um die freundschaftliche Verbundenheit als dem Lebenselixier jeder Partnerschaft. Jeder Tag ist eine neue Herausforderung, ob wir nebeneinander leben, vielleicht sogar in immer neu entstehenden Feindseligkeiten gegeneinander, oder ob wir uns Zeichen der Zuwendung geben:

- Ihr Mann hört, dass sie vom Einkauf kommen und kommt, um auszupacken.
- Sie rufen während des Tages an und fragen, wie das schwierige Gespräch verlaufen ist.
- Ihr Mann sitzt stirnrunzelnd über einem Zeitungsartikel und Sie fragen nach, ob ihn etwas beunruhigt.
- Sie pflegen Ihre Rituale des Abschieds und der Begrüßung. Sie freuen sich auf das Nach-Hause-Kommen, Sie freuen sich über denjenigen, der durch die Wohnungstür kommt. Zeigen Sie es doch bitte!

Körperkontakt, Blickkontakt, ein freudiges Lächeln – noch einmal: Es kostet so wenig und ist doch so wirkungsvoll.

Ich übe die „Ich-hab-dich-gern"-Sprache

- Geben Sie sich das Gefühl, sich gern zu haben. Wir können die Wirkung positiver Worte und Gesten, das Lob und die Wertschätzung nicht hoch genug ansetzen (5:1-Formel!).
- Die kleinen Gesten sagen so viel und werden sehr unterschätzt: die körperliche Berührung, die Hand auf dem Knie, der Schulter, ein kleiner Kuss nur mal eben so im Vorübergehen.
- Oft geht uns ein positiver Gedanke durch den Kopf. Sprechen Sie ihn aus: „Ich bin so froh, dass du uns an die frühe Buchung unserer Reise erinnert hast", „Weißt du eigentlich wie glücklich ich bin, mit dir zusammen zu sein?", „Ich freu mich jeden Morgen neu über die frische Farbe auf unserer Raufaser", „Toll, dass du gestern mit den Kindern ins Kino gegangen bist".
- Haben Sie immer wieder Mut zum ersten Schritt! Wenn Sie denken, „Warum nimmt mein Mann mich jetzt nicht einfach mal in den Arm", dann kriegen Sie keine schlechte Laune, sondern setzen Sie es in die Tat um und umarmen ihn. Viele Frauen stolpern leider oft in die Romantikfalle und wollen allzu gern wachgeküsst werden.
- Seien Sie „Wiederholungstäterin". Sie können das Positive gar nicht oft genug sagen.

Die „Ich-hab-dich-gern"-Sprache kann wie ein Schutzschild wirken, und zwar gegen die Gleichgültigkeit und Unachtsamkeit – die sonst nämlich die Verbundenheit aushöhlen. Das passiert schneller, als man denkt! Es entsteht ein Vakuum ... und schon ist die Gefahr groß, dass andere in dieses Vakuum eindringen können. Da kommen auf einmal (vielleicht harmlose) Komplimente von anderer Seite – und schon lösen die weniger harmlose Empfindungen aus: „Endlich habe ich das Gefühl verstanden zu werden", „Ich fühlte mich auf einmal so kostbar", „Da hat jemand mich wahrgenommen". So die Gefühle von Menschen, die sich scheinbar plötzlich in andere verlieben und aus der Beziehung ausbrechen.

Wie schade, wenn eine Dritte meinem Partner sagt, wie kostbar er ist. Das kann ich doch selbst, oder?

Ich behandle meinen Partner mit Respekt

Es scheint so zu sein: Wachsende Vertrautheit lässt Hemmschwellen verschwinden. Wie kann es sonst sein, dass wir unsere Partner oft sehr viel ruppiger behandeln als gute Kollegen, vertraute Freunde? Beispiele gefällig? Ich glaube, Ihnen fällt genug ein.

Übungen: Wir probieren es aus

☐ Eine kleine Übung, die man leicht zwischen Pizza und Wein beim Italiener einschieben kann. Wir machen sie regelmäßig mit viel Freude: Jeder sagt dem anderen, was er/sie besonders am anderen schätzt.

Vielleicht helfen Ihnen diese Satzanfänge:
- Ich finde toll an dir, dass ...
- Ich bewundere, wie ...
- Es tut mir immer gut, wenn ...

☐ Erleben Sie Ihre Verbundenheit: Achten Sie auf die **Sprache der Verbundenheit**. Wann haben Sie es Ihrem Partner das letzte Mal gesagt: „Ich freue mich von ganzem Herzen, mit dir gemeinsam zu leben." Tun Sie es. Heute noch. Greifen Sie zum Telefon und sagen Sie es ihm. Jetzt.

☐ Erleben Sie Ihre Verbundenheit: Achten Sie auf die **Gesten der Verbundenheit**, z.B. absichtsloses Berühren. Erleben Sie den kommenden Tag bewusst, beobachten Sie an sich, wie häufig Sie körperlich in Kontakt kommen. Wetten, es geht mehr! Probieren Sie es aus.

☐ Achten Sie auf die kleinen **Geschenke der Verbundenheit:**
- Die kleine Überraschung beim Einkauf
- Eine CD von der Lieblingsgruppe einfach mal zwischendurch
- Auch wenn die Überwindung groß ist: Sie gucken sich mit ihm den neuesten James-Bond-Film an!

4. Grund: Weil er einfach überraschend ist

Warum es gut ist, aufeinander neugierig zu bleiben

Kommt es Ihnen bekannt vor?

Eines Tages überraschte unser Schwiegersohn unsere Tochter mit einer besonderen Geburtstagsparty. Sie kam von einer Reise, öffnete die Tür zum Gemeindehaus, wohin ihr Mann sie gebeten hatte, und ein lautes „Happy Birthday" empfing sie. Sand, wohin ihr erstauntes Auge blickte, Freunde in Bikini und Badehosen, Cocktailgläser in der Hand, Reggaemusik im Hintergrund. Der Gemeindesaal war in ein Tropic-Island verwandelt. Eine wirklich gelungene Überraschung! Denken Sie jetzt auf keinen Fall darüber nach, wer denn den ganzen Sand wieder hinausbeförderte. Keine Sorge – unsere Tochter musste nicht Hand anlegen. Ist das Liebe!

„Hilfe, auf solche Überraschungen könnte ich verzichten!", denken Sie vielleicht. Ich gebe zu: Ich weiß nicht, wie begeistert ich bei dieser Überraschung gewesen wäre; aber er kannte seine Frau – und für sie war das etwas Schönes. Allein das zählt. Auch die Ballonfahrt, die derselbe Schwiegersohn unserer Tochter zu einem Hochzeitstag schenkte – in diesen hätte mein Liebster mit seinem Überraschungsgutschein in der Hand allein einsteigen können ...

Aber eigentlich ist das ja nicht unser Problem, dass wir mit Überraschungen aufwarten, die am Geschmack und Mut des anderen vorbeigehen, sondern wir überraschen oft überhaupt nicht mehr und lassen uns nicht mehr überraschen.

Bevor wir uns jetzt missverstehen: Die Überraschungen beginnen in ganz anderen Dimensionen als oben angedeutet. Es geht nicht um heiße Wochenend-Events. Die Überraschungen des Alltags sind viel kostengünstiger, meist nicht aufwändig, aber sehr wirkungsvoll. Davon haben wir im 3. Kapitel gesprochen: die Aufmerksamkeit, um die freundschaftliche Verbundenheit zu pflegen und zu nähren. Jetzt soll es um unsere Offenheit und Flexibilität, um unsere Neugier gegenüber dem Partner gehen.

Eine andere Geschichte: Mein Mann und ich sind in einer norddeutschen Kneipe. Ich bin die einzige Frau, mit im Raum sind hundert andere Männer. Es wird Bier getrunken. Etwas Ungewöhnliches passiert auch noch an diesem Abend. Wir halten zwischen Tresen und Barhockern einen Vortrag zum Thema „Bis dass der Trott uns scheidet? Überlebenstipps für Eheleute". Heute Abend reine Männersache. Große Aufmerksamkeit. Nach dem Vortrag ein reger Austausch. Mich überrascht die große Offenheit, mit der die Männer ihre Fragen, Eindrücke vor allen laut werden lassen. Immerhin kennt hier jeder jeden im Dorf. An die Worte eines Gastes erinnere ich mich besonders. Er nimmt Bezug auf den Teil unseres Vortrages, in dem wir Mut machen zu einer guten, gelingenden Kommunikation, nach dem Motto „Reden ist Silber, Schweigen ist Gift".

„Ich glaub Ihnen, ja – das mit dem Reden, wie wichtig das ist. Meine Frau sagt auch immer: ‚Nun sag doch schon was!' Aber wissen Sie, mein Problem ist, ich kann immer schon im Voraus die zehn Sätze sagen, die meine Frau parat hat. Dann vergeht mir schon alle Lust … Ich bin dann ganz zu." Ein Schrei nach dem Überraschenden!

Wir sitzen im Kreis mit befreundeten Paaren zusammen. Die anderen haben noch mehr Ehejahre im Gepäck als wir. Als Fan von kleinen Psychospielen zwischen Wein, Gratin und Obstsalat habe ich ein Würfelspiel vorbereitet. Thema: Wut. Ein Würfel kreist. Zu jeder gewürfelten Zahl gehört eine Frage, zum Beispiel „Was holt mich von der Palme?", „Was ärgert mich am anderen besonders?" usw. Mit wachsender Begeisterung machen alle mit. Für mich als Gastgeberin sind wieder einmal der schönste Nebeneffekt neben all dem Interessanten, was man bei diesen Spielen voneinander erfährt, die überraschenden Ausrufe der Ehepartner: „Das höre ich ja das erste Mal!", „Wie? Ist das dein Ernst, Stefan? Das überrascht mich aber!", „Warum weiß ich das denn nicht?"

Was Sie gewinnen

In diesem Kapitel geht es um die Wachsamkeit, dem Trott auf die Spur zu kommen und die neugierige Offenheit nicht aus dem Herzen zu verlieren.

Vertrautheit und Verbundenheit können wachsen, stagnieren, einfrieren – vergessen wir dies nie. Seien Sie wachsam, kreativ, neugierig miteinander und aufeinander.

Warum wir es uns manchmal so schwer machen

Eigentlich weiß ich doch alles
Kennen Sie solche Sätze:
- Ich weiß doch genau, was mein Mann jetzt denkt.
- Wie die schon wieder guckt!
- Ich kann schon jetzt die zehn Sätze sagen, die aus dem Mund meiner Frau kommen.

Wir legen so gern den anderen und auch uns selbst fest. Auch Sprüche wie „Warum Männer immer lügen und Frauen nicht einparken können" oder „Frauen kommen von der Venus und Männer vom Mars", können statt der hilfreichen Gelassenheit falsche Fixierungen bewirken. Sicherlich können wir den einen oder anderen Aha-Effekt haben und verstehen, warum Männer lieber dreimal um den Block fahren, ehe sie einmal nach dem Weg fragen. Aber solche Sätze legen uns in der Partnerschaft fest, wenn wir den anderen damit in eine Schublade packen („Männer sind eben so").

Nein, Beziehung ist ein Fluss und nicht eine dümpelnde Pfütze. Erwarten Sie Neues, legen Sie sich nicht durch falsche Beschreibungen fest.

Wir sind manchmal auf einem anderen Stern
Es kann sich eine erschreckende Diskrepanz zwischen dem Gefühl „Ich kenne meinen Partner", „Er ist mir vertraut" und dem realistischen Abgleich eröffnen. Manchmal leben Paare auf unterschiedlichen Planeten. Nicht auf Mars und Venus, sondern auf „Deine Welt – Meine Welt". Natürlich muss und kann der andere nicht alle Details erfahren, die der Partner in seinem Berufs-, Familien- und Freizeit-Alltag erlebt. Wie kostbar aber ist wirkliches Interesse am Leben des anderen: Was beschäftigt ihn, was macht Kummer, was sind die kleinen und großen Erfolge, was würde er gerne einmal unternehmen, was verändern?

Eigentlich läuft doch alles gut
Vielleicht ist dieser Zustand besonders gefährlich, wenn alles in geordneten Bahnen läuft, wenn jeder in der Beziehung seine Aufgaben hat, der Tagesablauf abgestimmt ist. Das Ehe-Schiff fährt in ruhigen Gewässern.

Aber Achtung … Stürme kommen! Veränderungen sorgen für den anderen Wellengang. Zum Beispiel die Teenie-Zeit der Kinder. Teenie-Eltern wissen davon ein Lied zu singen, wie belastend für die Beziehung die Auseinandersetzungen mit den heranwachsenden Kindern ist. Oft fallen diese Auseinandersetzungen genau in die Zeit, in der man in ruhigen Gewässern schwimmend innerlich „in verschiedene Kajüten" gezogen ist, sich aus dem inneren Blick verloren hat, gar nicht mehr genau weiß, was den anderen beschäftigt. Haben Sie diese Gefahren im Blick. Steuern Sie gegen!

Das haben wir miteinander vor

Treffpunkt Du und ich
Es ist eine gute feste Einrichtung, uns möglichst jeden Tag zu erzählen, was wir erlebt haben, was uns beschäftigt, sorgt.

Auf die Frage „Na, wie war's" möchten wir wirklich eine Antwort. Wir hören interessiert und aufmerksam zu (siehe Sprachregeln der Liebe, 2. Kapitel).

Achtung, Falle! Viele Ehefrauen beklagen sich über ihre wortkargen Ehemänner, aus denen sie „nichts herausbekommen". Das mag manche Gründe haben, einer liegt mit ziemlicher Sicherheit bei den „allwissenden" Ehefrauen: Oft gelingt es ihnen nicht, einfach nur aufmerksam zuzuhören. Es wird viel zu schnell kommentiert, kritisiert, bewertet, wenn Mann erzählt (umgekehrt gibt es das natürlich genauso!). Bewertungen und gut gemeinte Ratschläge wie „Das liegt bestimmt an deiner Ungeduld", „Du hättest vielleicht mehr Rücksicht nehmen müssen", „Ich finde deine direkte Art auch oft nervend", lassen den anderen verstummen. Einfach zuhören ist nicht einfach. Aber es bewirkt so viel, dem Partner zu sagen: „Ich habe Interesse an dem, was dich beschäftigt", „Du bist in einem geschützten Raum".

Weißt du noch?
Das „Von früher erzählen" schieben wir gern den älteren Menschen zu. Das ist falsch. Fast jeder Mensch steigt gern ins Erinnerungsbad. Die gemeinsame Geschichte ist ein kostbarer Schatz. Tauschen Sie mit Ihrem Partner gemeinsame Erinnerungen aus und lassen Sie sich überraschen von der Version des anderen:

- An welche besonderen Urlaubserlebnisse (-momente) erinnerst du dich?
- Erzählen Sie sich gegenseitig, wie es war, als Sie Eltern wurden: Wovor hast du dich eigentlich gefürchtet, worauf am meisten gefreut, was war anders als du dachtest, was würdest du denn heute anders machen?
- Was war denn für dich die schwierigste Zeit in unserer Ehe? Warum? Würdest du heute etwas anders machen?
- Gibt es eine Zeit, die du gern noch einmal erleben würdest?

Lassen Sie Ihrer Fantasie für Fragen aller Art freien Raum!

Aber gehen Sie miteinander immer wieder noch weiter zurück. Erzählen Sie sich gegenseitig aus Ihrer Kindheit: Kannst du dich noch an deinen ersten Schultag erinnern? Wie habt ihr die Ferien verbracht? Hattest du viele Freunde?

Die Entwicklungsstufen der eigenen Kinder sind gute Anlässe, sich selbst anzuschauen, auf Gedankenreise zu gehen, verschütteten Empfindungen nachzuspüren und einander zu erzählen: „Wie hast du denn deine erste Schulzeit erlebt? Wie hieß denn deine erste Lehrerin? War sie nett? Erinnerst du dich an deine Pubertät? Was war dir peinlich? Wer hat dich eigentlich aufgeklärt?" Oder die Berufsfindung: „Wusstest du schon früh, was du werden wolltest? Hattest du als Kind einen Traumberuf?"

Mein Mann hat viele gute Erinnerungen an seine Großeltern im Erzgebirge. Fünfziger Jahre: die schmerzhafte Trennung von ihnen als kleiner Junge durch Flucht der Eltern in den Westen. Die späteren Besuche bei Oma und Opa. Wenn er erzählt, schmecke ich die Nusshörnchen, die sein Opa ihm immer beim Bäcker kaufte, höre den Verkäufer, der „Hammer nicht" sagt, wenn der Großvater ihn nach Zigarren fragt, sehe das große Zeichenbrett, an dem der alte Baumeister Häuser entwarf. Oder den Krieg der Knöpfe, den mein Mann als Schuljunge im Wald anführte. Bandenführer. Ich kann es mir richtig gut vorstellen. Ich liebe seine alten Geschichten, aus denen ich auch höre, wie rundum geliebt er sich als kleiner Junge gefühlt hat, und dass Tonangeben und Leiten schon immer seine Sache war.

Machen Sie Ihre Erfahrungen: Manch gegenwärtiger Konflikt leuchtet manchmal in einem ganz neuen Licht, wenn plötzlich der kleine Junge sichtbar wird, der sehr unter seiner älteren Schwester oder dominanten Mutter gelitten hatte und deshalb heute bei vermeintlicher Dominanz „die Krallen ausfährt". Oder das kleine Mädchen, das sich hilflos vor seinem Vater stehen sieht, der ihr über den Mund fährt mit den Worten: „Ach, was du schon wieder erzählst!"; sie hasst nichts mehr als das Gefühl, dass man ihr nicht zuhört und sie nicht ernst genommen wird.

Der vertraute Fremde

Mein Partner bleibt das Gegenüber, das nicht „einverleibt" werden darf. Zu sagen „Ich kenne meinen Mann durch und durch" ist nicht Ausdruck besonderer Nähe, sondern naive Anmaßung. Immer wieder stoßen und reiben wir uns in unseren Beziehungen auch an der Fremdheit des anderen.

Als junges Mädchen beeindruckte mich einmal sehr die Bemerkung einer älteren, lange verheirateten Ehefrau:

„Ich liebe meinen Mann und bin gern mit ihm verheiratet, aber immer wieder gibt es Situationen, in denen bleibt er mir innerlich fremd. Wir erreichen uns nicht. Oder er tut etwas, was mir sehr fern liegt, mich überrascht, manchmal sogar erschreckt. Dann fühle ich mich allein." Damals haben mich diese Sätze auch etwas erschreckt. Heute entlasten mich diese Gedanken: Ich muss meinen Partner nicht in allen Situationen verstehen und kennen. Und: Das lässt uns auch neugierig aufeinander bleiben.

Zu sagen „Ich kenne meinen Mann durch und durch" ist nicht Ausdruck besonderer Nähe, sondern naive Anmaßung.

Kennen Sie den Mann, der morgens neben Ihnen aufwacht?

Wer ist Ihr Partner heute?
- Was beschäftigt ihn im Moment besonders?
- Welches Land würde er gern einmal bereisen?
- Wenn Geld keine Rolle spielen würde, welchen Traum würde er sich erfüllen?
- Wohin möchte er mit Ihnen gern einmal reisen?
- Was ist seine größte Angst?
- Was ist im Moment die größte Belastung?
- Wer sind seine Freunde?

Könnten Sie alle Fragen beantworten?

Bleiben Sie neugierig aufeinander. Ich garantiere Ihnen viele Überraschungen, Einsichten und viel neues Verständnis füreinander.

Neues wagen und auch Neues sagen
Gute Gewohnheiten sind etwas sehr Angenehmes. Sie tragen sich wie gut eingelaufene Schuhe. Keine Blasengefahr. Aber manchmal sind die Schuhe auch ausgetreten.

Lassen Sie sich miteinander immer wieder auf Neues ein. Es geht hier nicht um die umstürzenden Neuerungen.
- Probieren Sie ein neues Restaurant aus, gehen Sie „einfach so" einen Wein trinken.
- Manchmal ist man unbemerkt in eine neue Lebensphase gerutscht, die Kinder sind jetzt selbstständiger und neue Freiheiten der Eltern werden erprobt. – Wie wär's da mit einer Städtetour?
- Bisher waren Sie Museums-, Theater-, Kinomuffel? Nichts muss bleiben wie es ist.
- Viele Paare machen doch noch im fortgeschrittenen Alter den Tanzkurs, von dem sie immer geträumt hat. Und beide haben Spaß dabei.

Übungen: Wir probieren es aus

Diesmal verstecken sich die Übungen schon in den vorangegangenen Seiten. Blättern Sie zurück. Unter „Weißt du noch?", „Kennen Sie den Mann, der morgens neben Ihnen aufwacht?" und „Neues wagen und auch Neues sagen" verbirgt sich manche Übung.

5. Grund:
Weil es auf der Insel mit ihm am schönsten ist

Warum Aldi, Job und Waschmaschine nicht alles sind

Kommt es Ihnen bekannt vor?

Kennen Sie den: Mann und Frau sitzen wie jeden Abend vor dem Fernseher. Sagt sie zu ihm: „Du, findest du nicht auch, wir sollten mal wieder abends was richtig Schönes unternehmen?"

Er brummt: „Tolle Idee! Wer zuerst wieder nach Hause kommt, legt den Schlüssel unter die Matte."

Haha – wie lustig! Wirklich? Irgendwie bleibt einem doch der Lacher im Halse stecken, oder? Ich muss an die vielen Paare denken, wo die Partner tatsächlich auf diesen zwei Spuren zu fahren scheinen.

Nina ist eine Vollblutmutter. Schwuppdiwupp – ehe man sich versah, hatten Alex und sie eine Viererrasselbande zuhause. Und sie scheint alles prima zu meistern: ein Kind auf dem Arm, eins am Bein, eins im Kindergarten, eins in der Schule. Sie erzählt mir von Alex, der so gern mal wieder etwas mit ihr allein machen würde. Abends, vielleicht sogar ein ganzes Wochenende ohne Kinder. „Typisch Mann, findest du nicht?", sie schaut mich sehr siegessicher an, „Ist doch echt naiv, keine Ahnung, wie er sich das vorstellt. Als hätten wir nicht unsere schöne Zeit der Zweisamkeit gehabt vor den Kindern. Alex, habe ich gesagt, Alex, jetzt haben wir erst einmal unsere Saure-Gurken-Zeit." Armer Alex, dachte ich bei mir, hoffentlich sagt er nicht eines Tages „Jetzt ist aber Essig".

Was Sie gewinnen

Wir brauchen in unseren Beziehungen immer wieder die Momente, in denen wir dem Partner signalisieren: Du bist mehr als der Vater meiner Kinder, mehr als mein Schraubendreher, Rasenmäher, Haushaltsversorger. Du bist Du. Du bist einzigartig für mich.

„Von nichts kommt nichts" – für die Entwicklung unserer Partnerschaften gibt es sogar noch eine Steigerung dieser Volksweisheit: Eine Beziehung hat in sich immer die Dynamik, sich zu verschlechtern – wenn wir uns nicht um sie kümmern.

Ich liebe die Stimme meines Mannes. Sie klingt einfach gut. Manchmal klingelt tagsüber das Telefon und dann liegt sie verführerisch in meinem Ohr: „Na, wie wär's mit uns beiden heute Abend?" Wer meinen Mann kennt, weiß, was er meint: Ein netter Restaurantbesuch steht bei ihm auf der Hitliste ganz oben. Ich habe jetzt mehrere Möglichkeiten zu reagieren:

„Hast du schon wieder Hunger?"

„Wolltest du nicht abnehmen?"

„Du hast so eine schöne Tupperdose – warum nimmst du keine Stullen mit?"

„Ach, ich wollte heute unbedingt bügeln!"

Alles wäre richtig und trotzdem wär's falsch. Romantische Stunden zu zweit sind Farbtupfer des Alltags, Ohrenschmaus und Festessen für die Seele. Romantik ist die Kunst, das Selbstverständliche in einem neuen Licht zu betrachten. Und das tut unserer Ehe einfach immer wieder gut. Der Alltag hat zentrifugale Kräfte. Jedem haben sie schon den Atem genommen.

Romantische Stunden zu zweit sind Farbtupfer des Alltags, Ohrenschmaus und Festessen für die Seele.

Suchen Sie aktiv die Gelegenheiten für solche Möglichkeiten der Paar-Romantik, die fallen nämlich nur manchmal ganz zufällig vom Himmel! Normalerweise müssen Sie die Sterne schon selber pflücken.

Achtung: Opfern Sie diese Gelegenheiten nicht zu schnell auf dem Altar der Zweckmäßigkeit und Antriebsmüdigkeit.

Klingt das nicht zu leicht?

Vielleicht hilft diese Perspektive: Leben ist ein Geschenk Gottes auf Zeit.

Darf ich noch einmal an die Trauformel erinnern: „Bis dass der Tod uns scheidet", an die sanfte Erinnerung: Wir wissen nicht, wie viel gemeinsame Zeit wir noch haben.

Sie kennen das sicher: Wir suchen so oft das immerwährende Glück … und verpassen so schnell die kleinen Augenblicke des Glücks.

Genießen Sie sich als Paar immer wieder. Genießen können ist die kleine Schwester der Dankbarkeit. Aber diese Genusszeiten müssen Sie planen und retten:

Planen Sie feste Zeiten für die Festzeiten ein. Die kleinen und großen Besonderheiten nähren das Gefühl, sind die Bestätigung: Du bist mir sehr wichtig. Du bist der einzige Mensch, mit dem ich Liebe in einer verbindlichen Partnerschaft lebe.

Wir brauchen in den Partnerschaften diese Vergewisserung. Und deshalb brauchen wir die Besonderheiten, die den Tagesablauf kreuzen:
- die besondere Aufmerksamkeit (dazu gab es schon mehr zum Stichpunkt „Romantik im Alltag" im 3. Kapitel)
- die besondere Planung
- die besonderen Zeiten
- die besonderen Orte.

Lassen Sie sich einen „gehobenen" Anspruch an eine Partnerschaft nicht ausreden. Lassen Sie sich nicht mit Zweckgemeinschaften abspeisen, in denen, wenn es gut läuft, beide miteinander auskommen! Paare wollen mehr als das Leben organisieren und über die Runden kommen.

Warum wir es uns manchmal so schwer machen

Weil der Alltag Freund und Feind ist
Alltag ist beides: Heimat für die Seele und eine Zentrifuge, die ein Paar auseinander treiben kann. Jede Lebensphase eines Paares hat ihren Alltag. Verständigen Sie sich. Wer übernimmt welche Aufgaben? Bitte seien Sie klar in Ihren Verabredungen.

Weil jeder zieht und zerrt
Zugegeben – die gesellschaftlichen Rahmenbedingungen sind eine wilde Mischung aus grandiosen Chancen und

Kräfte zehrenden Ansprüchen an die Gestaltung einer Partnerschaft und die Rolle von Mann und Frau. Von vielen wird Leben zunehmend als kompliziert empfunden. Mit den Chancen wachsen die Erwartungen und Herausforderungen, vieles muss z.B. unter den Hut eines modernen Frauenbildes gebracht werden. Kindererziehung erfordert ein hohes Engagement.

Tauschen Sie sich als Paar immer wieder über das familiäre und berufliche Engagement aus.

Das haben wir miteinander vor

Packen Sie die Gelegenheiten beim Schopfe und opfern Sie sie nicht auf dem Altar der Antriebsmüdigkeit, Sparsamkeit und Ausreden („Ach, die Kinder sind doch noch so klein") .

Tipps für die Romantik
- Zeigen Sie Ihrem Partner, dass Sie ihn in all seinen Rollen wahrnehmen und lieben.
  Dieses schöne Beispiel wurde mir erzählt: „Einmal brachte mir mein Mann drei rote Rosen mit nach Hause und sagte mir: ‚Diese Rosen sind wie der Dreiklang, der du für mich bist: Mutter meiner Kinder, meine Ehefrau und meine Geliebte'."

- Tapetenwechsel ist angesagt.
  Essengehen muss nicht teuer sein; nicht das große Menü macht es, sondern das gemeinsame Weggehen. Selbst ein Glas Wein auswärts getrunken tut gut, weil die Gespräche außerhalb der eigenen vier Wände viel

konzentrierter sind. Mama und Papa allein unterwegs sind auch für die Kinder ein Signal: Mama und Papa sind gern zusammen und haben etwas miteinander vor.

- Ein kinderfreies Wochenende tut Wunder.
  48 Stunden ohne Kinder wirken wie 480 Stunden ohne. Probieren Sie es aus.

- Finden Sie den Off-Knopf in der Fernbedienung!
  Der Fernseher und Computer sind Gesprächs- und „Zeit für Zärtlichkeit"-Killer Nr. 1. Manchen Paaren hilft die Einrichtung eines Ehe-Abends.

- Gemeinsame Aktivitäten
  Gemeinsame Spaziergänge, gemeinsam Sport treiben, doch ein Tanzkurs – Ihrer Fantasie für gemeinsame Unternehmungen ist keine Grenze gesetzt.

Übungen: Wir probieren es aus

☐ Machen Sie Ihre persönliche Wunschliste.
Schreiben Sie auf:
– Das wünsche ich mir …
– Das vermisse ich …

☐ Dann schreiben Sie die Dinge auf, von denen Sie denken, dass Ihr Partner sie sich wünscht oder sie vermisst.

☐ Vergleichen Sie und legen Sie konkrete Schritte fest (wichtig!).

6. Grund:
Weil seine Küsse
die besten sind

Warum Sex manchmal
so anders ist

Kommt es Ihnen bekannt vor?

Mit einem wirklich zärtlichen Kuss verabschiedet sich Michael von seiner Frau Silke. „Ich kann mich wirklich glücklich schätzen", denkt sie beseelt und freut sich jetzt schon auf die Heimkehr ihres Mannes. Aber jetzt liegt noch ein strammer Arbeitstag vor ihr. Doch ein paar Minuten bleiben ihr noch, ehe sie sich in ihr Büro stürzen wird. Sie greift zur Tageszeitung, blättert etwas unentschlossen, bis sich eine Überschrift bei ihr einhakt: „Ossis haben mehr Sex als Wessis". Mit wachsendem Staunen liest sie den Bericht, der irgendeine Umfrage irgendeiner Frauenzeitschrift auswertet. Was für erstaunliche Zahlen! So oft schläft der Sachse mit seiner Partnerin in der Woche? Und eigentlich nicht viel weniger oft der durchschnittliche Schwabe?! Nachdenklich legt sie das Blatt zur Seite, und das schöne Empfinden nach Michaels Kuss weicht einem beklemmenden Gefühl. Wenn sie sich nicht sehr irrt, waren sie bestimmt schon drei Wochen nicht mehr zusammen. Oder sind es nur zwei? Es ist ihr gar nicht aufgefallen. Aber die Zeit vergeht auch immer so schnell. Schön war's. Daran erinnert sie sich. Aber jetzt weiß sie nicht so recht, ob sie vielleicht ein Problem haben.

Was Sie gewinnen

In Zeiten von üppigen Silikonbusen auf Augenhöhe am Zeitungskiosk, dem Vibrator im Otto-Katalog und Porno-DVDs nur wenige Meter entfernt von Pippi-Langstrumpf und dem kleinen Eisbären im Videothek-Regal tut es uns gut, es immer wieder ins Herz zu holen: Sexualität ist nicht die Produktionsstätte der Lust, nicht eine sportliche Freestyle-Übung, sondern der Ort der Begegnung. Sexualität ist Beziehung, Kommunikation. Dabei ergibt sich auch die Lust, aber sie ist nicht das Ziel. Wer seinen Schalter im Kopf umlegt, sich verabschiedet von Bildern und Idealen des vermeintlich „tollen Sex", wird viel gewinnen.

Sexualität ist Beziehung, Kommunikation. Dabei ergibt sich auch die Lust, aber sie ist nicht das Ziel.

Der große Gewinn der partnerschaftlichen Sexualität ist das schützende Nest vielseitiger Intimität: verstanden werden, vertrauen dürfen, sich sicher fühlen, aus dem Sex kein Kampffeld machen, nichts vorspielen müssen. So schön darf es sein. So schön geborgen. Und in dieser Sicherheit auch frei, sich überraschend zu finden.

Hüten Sie diesen Schutzraum Ehe, denn die größte Verletzung ist der Vertrauensbruch.

Warum wir es uns manchmal so schwer machen

Kräftig unter Druck gesetzt

Eine Umfrage ergab, wie sehr sich die Menschen durch die ausgiebige Darstellung von Sex im Fernsehen und anderen Medien unter Druck gesetzt fühlen. Immerhin fragen sich 67 % der Frauen und 52 % der Männer: „Haben etwa alle, unsere medialen Vorbilder genau wie unsere Freunde, Kollegen und Nachbarn, ein viel heißeres Sexleben als ich selbst?"

Bitte löschen Sie den falschen Film!

(zitiert nach: Tagesspiegel, 5.11.06) Misstrauen Sie den Umfrageergebnissen. Lassen Sie sich doch nicht an der Nase herumführen und von Privatsendern vorschreiben, wie, wann, wo und wie oft toller Sex zu sein hat. Sex sollte möglichst spontan sein, immer wieder abwechslungsreich und aufregend? Wer sagt das denn? Und doch lassen wir die unterschiedlichsten Ideale und Mythen rein in unsere Köpfe. Mit welchen Folgen? Wir vergleichen und sind unzufrieden.

Warum ist es jetzt so anders?

Sex unterliegt Schwankungen – und manchmal (oder oft?) gehen die Partner in ihren Schwankungen nicht synchron.

Manche Probleme ranken sich um das Thema „Eltern und Sex":

- Sie entwickelt besondere Leidenschaften während der Schwangerschaft, er findet ganz ehrlich den wachsenden Bauch und die Vorstellung des „Dritten im Bunde" ziemlich unerotisch.
- Endlich ist das Baby da; allmählich hat er ziemlichen

Heißhunger, und ihr steht der Sinn nach allem Möglichen, nur nicht nach einer heißen Nacht.
- Die Kinder werden größer, und irgendwie ist man so beschäftigt …

All das erscheint im Rückblick eigentlich sehr harmlos im Vergleich zum emotionalen Spagat, den Teenie-Eltern leisten. Nach einem Vortrag meldete sich eine Frau, Mitte Vierzig, zu Wort: „Früher schliefen die Kinder, wenn ich mit meinem Mann im Bett lag, und es konnte höchstens sein, dass sie mal schlaftrunken ins Schlafzimmer tapsten, aber heute sind meine Großen meistens noch wach, sitzen vielleicht nebenan mit Freunden – das alles törnt mich total ab". Im Raum zustimmendes Nicken.

Schwankungen in der Sexualität erleben alle: Paare mit und ohne Kinder, junge Paare und Paare, die in die Jahre gekommen sind.

Der falsche Film im Kopf
Mal ehrlich: Wann sind Sie das letzte Mal darauf reingefallen?
- Der Mann denkt, er müsste immer können.
- Die Frau denkt, eigentlich müsste er doch immer Lust haben.
- Die Frau denkt, „Ergreift nicht meistens der Mann die Initiative?"
- Wenn er kuschelt, will er Sex.
- Wenn sie kuschelt, will sie Sex.
- Hätte ein normales Paar nicht mindestes einmal in der Woche Sex?

usw. usw.

Bitte löschen Sie den falschen Film!

Das haben wir miteinander vor

Du bist du und ich bin ich
Erinnern Sie sich an das 4. Kapitel „Weil er einfach überraschend ist"? Sex ist eine Nagelprobe. Ein Kampffeld entsteht, wenn meine Vorstellungen und Erwartungen zum Maß aller Dinge werden.

Wir lösen uns von falschen „Idealen"
Schalten Sie den Projektor mit dem Kopfkino aus. Sie als Paar gibt es nur einmal! Lassen Sie sich von keinen Statistiken über irgendwelche „Koitus-Frequenzen" irritieren. Und die beiden im Fernseher liegen auch nur im Bett, weil der Regisseur das so wollte. Bitte lassen Sie sich Ihr Drehbuch nicht aus der Hand nehmen. Je weniger Bilder, Ideale, Erwartungen Sie vom „richtigen" Sex im Kopf haben, umso entspannter werden Sie sein.

Wir finden Worte
Auch wenn es manchmal schwer fällt: Bitte vermeiden Sie Vorwürfe. Reden Sie über den Sex, wenn Sie gerade nicht im Bett zusammen sind, sondern in einer ganz entspannten Situation, vielleicht im Restaurant, auf der Terrasse, im Auto. Erzählen Sie dem anderen, was Ihnen gut tut, gefällt. Unterstreichen Sie das Schöne. Das Thema Sex ist das klassische „Brötchenhälftenthema" in Beziehungen. Sicher kennen Sie die Anekdote des alt gewordenen Ehepaares: Immer hat der Mann beim Frühstück das Brötchen auseinander geschnitten, seiner Frau die obere Hälfte gegeben und selbst die untere gegessen. Am Tag der Goldenen Hochzeit legt die Frau ihrem Liebsten sanft die Hand auf den Arm und sagt: „An diesem besonderen

Festtag habe ich einen Wunsch: Bitte gib mir heute einmal die untere Hälfte. Die mag ich eigentlich viel lieber." Erschrocken antwortet er: „Meine Liebe, warum sagst du das erst jetzt? Ich mag doch die obere Hälfte viel lieber, habe sie dir aber immer gegeben, weil ich dachte … ".

Vielleicht haben Sie auch die falschen Brötchenhälften? Sprachlosigkeit beim Thema Sex überwinden, ohne anklagend und fordernd zu werden, lohnt auf jeden Fall.

Keine Angst vor der Unterschiedlichkeit
Es kann eine Schlüsselerkenntnis sein, die Lösung nicht in einer Annäherung oder sogar in der Deckung der Bedürfnisse zu sehen, sondern sich im Anderssein zu akzeptieren. Ein Resultat dieser Strategie kann sein, in diesem Schutzraum aus Rollen herauszukommen: hier der „Immer-Lust-haben"-Typ, da der „Heute-bitte-nicht"-Typ. Raus aus dem Teufelskreis. Die Lösung liegt nicht darin, Meinungsverschiedenheiten zu beheben, sondern anzuerkennen, dass es verschiedene Meinungen, verschiedene Bedürfnisse gibt.

Mal Schwarzbrot – mal Festessen
Heute die Wucht, ein Feuerwerk, Tanz der Seelen, nächstes Mal „so naja". Wo bitte ist das Problem? Nirgends. So darf es sein! Freuen Sie sich über die Vielseitigkeit der Begegnung. Lösen Sie sich vom Blick auf ein bestimmtes Ergebnis.

Das war wohl nichts?
Zu jeder „guten" sexuellen Begegnung gehört ein Orgasmus. Wirklich? Diese Vorstellung ist wohl auch ein Mythos. Orgasmus-Fixierung legt im Kopf die falschen

Schalter um. Auch der Orgasmus ist ein „Nebenprodukt". Vielleicht müssen Sie die Bandbreite der körperlichen Begegnung wieder einmal ganz neu entdecken?

Die Hand auf dem Knie ist nicht die Aufforderung fürs Bett
Manche Paare müssen ihre Körpersprache neu entdecken, z.B. die „absichtslosen" Berührungen (vgl. 3. Kapitel). „Wenn Christian mich einfach so mal zärtlich in den Arm nimmt, denk ich immer, er will was von mir", sagt Marie. Ist das nun das Problem von Marie oder Christian? Wahrscheinlich von beiden, weil sie in eingefahrenen Denk- und Erwartungsmustern stecken.

Lass uns mal einen Termin machen
Wie bitte? Sex nach Kalender? Das ist doch wohl eher der Tipp für die Kinderwunschpatienten, oder? In einer langjährigen Beziehung, aber auch in besonderen Stresssituationen (z.B. junge Familie mit kleinen Kindern) dürfen die Inselstunden und Inseltage für Leib und Seele geplant werden. Auch dies ist ein Mythos, dass guter Sex sich nur spontan ergibt.

Übungen: Wir probieren es aus

☐ Wann haben Sie es sich zum letzten Mal erzählt:
- Ich mag es sehr, wenn ...
- Manchmal vermisse ich ...

☐ Entdecken Sie Ihre Mythen:
Welche Bilder, Erwartungen, Mythen haben Sie in Ihrem Kopf? Erzählen Sie einander!

7. Grund:
Weil er mich so wunderbar ärgern kann

Warum wir beim Verstehen und Verzeihen nicht aus der Übung kommen

Kommt es Ihnen bekannt vor?

„Ich kann mich nicht daran erinnern, dass sich meine Eltern gestritten hätten." Wer hat in seinem Freundeskreis nicht Menschen, die diese Erinnerung an ihre Herkunftsfamilie haben? „Wir haben uns doch gut verstanden, so richtige Auseinandersetzungen hatten wir gar nicht." Britta ist immer noch ganz ratlos, wenn sie über ihre Ehe nachdenkt und über Sven, ihren Mann, der vor vier Jahren die Familie verlassen hat.

„Diese endlosen Streitereien zwischen meinem Vater und meiner Mutter, ich habe sie gehasst." Wer kann es Annika verübeln, dass Konfliktvermeidung ein Dauerprogramm bei ihr ist!

Was Sie gewinnen

Keine Angst vor Krach und Streit: Ohne Krach und Streit geht's nicht! Auseinandersetzungen sind die Würze, zeugen von Lebendigkeit. Miteinander leben bedeutet auch immer Reibungsverlust, Abgleich der Interessen. Aber natürlich gibt es Grenzen:

Immer wieder eskalierende, verletzende Auseinandersetzungen; Zynismus und Ironie auf der einen, Schweigen hinter Zeitung oder Computer auf der anderen Seite – wie gelingen dazu konstruktive Alternativen?

Vermeiden Sie unter allen Umständen eine gefährliche Grenzüberschreitung: Stellen Sie in der Auseinandersetzung niemals die Beziehung in Frage!

Klären wir zunächst die Ursachen von Konflikten.

Warum ärgere ich mich über den anderen?

Weil er meine Erwartungen nicht erfüllt
Wir haben oft sehr feste Bilder in unseren Köpfen, wie unser Gegenüber zu handeln hat, was er sagen und nicht sagen soll. Erwartungen produzieren Enttäuschungen, vor allem dann, wenn Erwartungen und Bedürfnisse unausgesprochen bleiben oder unklar oder widersprüchlich formuliert werden. Von welchen Ansprüchen und Erwartungen werden wir geleitet?

Weil ich noch alte Beziehungskämpfe ausfechte
Wir führen oft Schattenkämpfe. Wir reagieren empfindlich auf unsere Partner, haben aber noch alte Muster in uns und kämpfen in Wirklichkeit mit unseren Eltern und Geschwistern. Stefan fährt schnell die Krallen aus, wenn er sich von seiner Frau bevormundet fühlt. Seine zwei äl-

teren Schwestern und seine dominante Mutter stecken ihm noch in den Seelenknochen. „Ich lass mich von keiner Frau mehr rumkommandieren" ist sein Motto, von dem er leider nichts weiß. Jan ist der Jüngste in einer großen Geschwisterriege und hatte häufig das Lebensgefühl „Ich werde nicht gesehen und komme zu kurz" – und er verhält sich entsprechend. Beziehungserfahrungen, die wir als Kinder gemacht haben, prägen das Erleben weiterer Beziehungen, die wir in unserem Leben eingehen. Unsere Geschwister haben uns das Streiten gelehrt, vielleicht aber auch das schnelle Zurückstecken, die Konfliktvermeidung. Auch waren alle Menschen schon einmal „verheiratet". An Eltern erleben wir das erste Mann-Frau-Modell. Fragen Sie sich selbstkritisch: „An welchen Stellen bin ich rückwärts gebunden?" Es ist spannend, diese alten Muster zu entdecken. Es ist wirklich wahr: Ausgetretene Pfade dürfen verlassen werden!

Bedenken Sie in Ruhe den Konflikt

Abstand ist immer gut. Manche Paare bringen sich mit Regelmäßigkeit in körperliche Erschöpfungszustände, weil sie meinen, sofort alles klären und ausdiskutieren zu müssen. Und das auch zwischen 24 Uhr und 3 Uhr morgens. Bitte kein Missverständnis: Ich sage nicht „Ab unter die Decke und ab unter den Teppich", aber manchmal ist es gut, sich darauf zu verständigen, zu einer anderen Zeit über den Konflikt zu sprechen. „Es hat mich verletzt, dass … Bitte mach einen Vorschlag, wann wir darüber sprechen können."

Das gibt Ruhe, über die eigenen Anteile nachzudenken. „Welches Bedürfnis, welche Erwartung wurden nicht beachtet?"

Versuchen Sie sich in den anderen hineinzuversetzen
Eine Partnerschaft bleibt ein lebenslanges Lernfeld. Versuchen Sie die Gefühle des anderen zu verstehen. Nicht gleich über die Fakten diskutieren! Versuchen Sie es: „Ich schaue durch seine Brille"; nehmen Sie also einen Perspektivwechsel vor.

Verletzungen dürfen heilen
Manchmal ist das Scheitern einer Ehe das Ende einer Folge vieler nicht behandelter Verletzungen. Verletzungen, Schrammen, Beulen – sie kommen vor, weil wir uns miteinander bewegen und deshalb auch zusammenstoßen. Problematisch wird es, wenn Verletzungen nicht heilen können.

Manchmal ist das Scheitern einer Ehe das Ende einer Folge vieler nicht behandelter Verletzungen.

Ein Ehemann erzählte mir einmal mit sehr viel Trauer: „Meine Frau kann einfach nicht um Entschuldigung bitten. Das kommt bei ihr einfach nicht vor".

Sprüche, die Sie als Verletzender aus Ihrem Repertoire streichen sollten:
- „Tschuldigung" – ein hingehauenes „Sorry" ist nichts mehr als eine Selbstberuhigung.
- „Hab ich doch nicht so gemeint."
- „Stell dich doch nicht so an."

Aber vielleicht sind Sie ja auch die- oder derjenige, der oft in der Rolle des Verletzten ist. Fragen auch Sie sich bitte selbstkritisch, ob Sie doch manches Mal die Rolle der Mimose, der beleidigten Leberwurst, der Prinzessin auf der Erbse spielen. Es ist ein gefährliches Machtspiel, den anderen zu schnell durch beleidigten Rückzug zappeln zu lassen.

Sich aufrichtig vergeben ist lebenswichtig – für beide Seiten **und** für die Beziehung.

Warum wir es uns manchmal so schwer machen

Wir beherrschen die Vermeidungsstrategien
Statt das offene Gespräch über Störendes zu führen, haben wir andere Strategien: Schweigen und schlucken, sich selbst beschwichtigen, sich rächen, Ärger an anderen rauslassen, sich bei anderen ausweinen, sticheln.

Wir haben die Auseinandersetzung nicht gelernt
Unterschiedliche Streitkulturen in den Herkunftsfamilien – diese Hürde sollte man schon wahrnehmen, bevor man sich zu oft vor den Kopf stößt. Auch nach jahrelanger gemeinsamer Zeit lohnt es sich hinzuschauen: Wie wurden Konflikte in den Familien ausgetragen? Laut, leise? Reichte das Hochziehen der Augenbraue, kam die Faust auf den Tisch oder wurde das Störende lieber unter den Teppich gekehrt? Flossen schnell Tränen oder wurde tagelang beleidigt geschwiegen?

Weil sich das Leben ändert
Kritische Lebenssituationen (Krankheit, Prüfungen, Arbeitslosigkeit, Berufsstress) und Veränderungen in der Lebensphase (Elternwerden, pubertierende Kinder, leeres Nest usw.) fordern eine Beziehung heraus und führen häufig zu Spannungen zwischen den Partnern. Stress, der

von außen in die Beziehung eindringt, ist ein Beziehungsfeind.

Fragen Sie sich:
- In welcher Lebensphase befinden Sie sich als Paar?
- Stimmen die „Beschlüsse" noch? Wer hatte bisher welche Aufgaben, welche beruflichen Veränderungen stehen an? usw.
- Haben Sie manchmal das Gefühl nur noch zu funktionieren? Verhärtung und Entfremdung können die Folge sein.

Das haben wir miteinander vor

Auch ich habe einen Sprung in der Schüssel
Dies ist ein wichtiger Schritt: Ich akzeptiere meinen „Sprung in der Schüssel". Ich erkenne an: Auch ich habe Anteile am Konflikt. Auch ich bin unzulänglich. Genau wie mein Partner immer auch seine „Macken" hat. Tief in uns steckt das Adam-Eva-Schlange-Phänomen: „Ich doch nicht!".

Oder wie oft sind wir davon überzeugt: Wenn nur der andere sein Verhalten ändern würde, wäre alles in Ordnung.

Nebelfahren ist gefährlich
Gereizte Stimmung, offene Aggressionen (Anmeckern, Grobheiten) und versteckte Aggressionen (beleidigtes Schweigen, Zusagen „vergessen", sexuelle Verweigerung), die mich selbst überraschen, dunkle Gedanken – nichts ist wohl unbekannt. „Was ist nur los mit mir?"

Unzufriedenheit und schlechte Stimmung gleichen Autofahren im Nebel. Wer so „in Fahrt" kommt, lebt gefährlich, weil das risikofreudig ist und Zusammenstöße provoziert. Lichten Sie den Nebel! Sagen Sie, was Sache ist. Also bitte kein Gedankenlesen mehr, sondern klare Äußerungen: Ihr Partner ist nicht mit seismographischen Apparaturen ausgestattet.

Klären Sie:
- Was macht mich in dieser Situation traurig, wütend, ärgerlich?
- Welches Bedürfnis wird nicht befriedigt (z.B. Ruhe, Nähe, Anerkennung, Lob, Wertschätzung, Respekt, körperliche Nähe, Verstanden werden)?

Klar erkannt ist halb gewonnen.

Drücken Sie sich klar aus:
Statt zu sagen „Du müsstest dich mehr um die Kinder kümmern, immer hängt alles an mir!" (das ist ein unklarer Vorwurf), ist es viel hilfreicher zu sagen: „Ich fühle mich in letzter Zeit oft belastet. Ich würde gern mit dir überlegen, wie du mich entlasten könntest ... " (das ist konkret – und eine „Ich-Botschaft").

Es geht den meisten Frauen so, dass sie bei Konflikten den ersten Schritt unternehmen.

Wir üben und üben und üben die konstruktive Auseinandersetzung

Zunächst die Beruhigung für alle Frauen: Es geht den meisten Frauen so, dass sie bei Konflikten den ersten Schritt unternehmen. Also ersparen Sie sich den Konflikt, dass Sie Ihrem Mann vorwerfen, dass er nie von sich aus einen Konflikt zur Sprache bringt. Das zu wissen ist doch entlastend, oder?

1. Schritt: Starker Tobak zu Beginn vernebelt alles

Versuchen Sie bei sich zu bleiben („Es macht mich traurig, mir macht Sorgen, es ärgert mich"), und lassen Sie den verletzenden, verächtlichen Angriff, der sofort den Gegenangriff oder das Mauern provoziert. Das bedeutet nicht, stets sanft und ausgeglichen bleiben zu müssen. Natürlich kann z.B. Ärger zum Ausdruck gebracht werden.

2. Schritt: Fahrt rausnehmen

Es ist gut, Luft zu bekommen in einem Konfliktgespräch. Wie geht das? Beachten Sie die „Sprachregeln der Liebe" (vgl. 2. Kapitel).

- Beachten Sie besonders die Zuhörer-Regeln! Vergewissern Sie sich, dass Sie verstanden haben, was der andere meint.
- Bleiben Sie konkret. Machen Sie keine Pauschalvorwürfe („Nie machst du Ordnung", „Immer kommst du zu spät").
- Geben Sie Ihrem Partner Recht, wenn es dran ist („In dem Aspekt stimme ich dir zu", „Das habe ich tatsächlich so noch nicht gesehen", „Entschuldigung, das ist mir jetzt blöd rausgerutscht").
- Versuchen Sie bitte immer, bei sich zu bleiben, bei den ausgelösten Gefühlen („Ich fühle mich so allein gelassen, wenn ich das Chaos sehe …"). Menschen öffnen sich viel eher, wenn sie wissen, welche Gefühle sie beim anderen auslösen.

- Auch wenn es im Moment schwer fällt: Sagen Sie Positives („Ich fand es so hilfreich, dass du am letzten Wochenende mit den Kindern allein auf den Spielplatz gegangen bist").

3. Unterbrechen Sie ...

Manchmal hilft es, eine kleine Pause einzulegen („Komm, lass uns einen Kaffee trinken"). Manchmal hilft es, das Gespräch zu verschieben (vor allem die Nachtgespräche). Wie schon gesagt: Vereinbaren Sie einen konkreten Fortsetzungstermin!

4. Wenn einer siegt, haben beide verloren

Auch wenn wir uns noch so sehr im Recht fühlen – das Zusammenleben mit anderen ist immer auch von Kompromissen begleitet. Deshalb ist das Zuhören so wichtig, der Versuch, die Sicht des anderen zu verstehen, aber selbst auch klar zu sein ... Man kann es nicht oft genug hören: Wir vergessen gerade in Konflikten, dass der andere anders ist, also durch seine Brille sieht, denkt, fühlt, redet.

5. Ich liebe dich doch mit deinen Macken

Wenn das die Grundlage bleibt, wird es immer wieder Auseinandersetzungen geben, aber die Basis ist solide – und ehrlich. Schließlich bleibt der andere auch immer der Andere, mit all den Dingen, die mich auch immer wieder stören werden. Aber er ist und bleibt der Mensch, dem mein Ja gilt.

Übrigens: Kennen Sie denn auch Ihre „Macken"? Denn dort liegen *Ihre* besonderen Empfindlichkeiten.

Achten Sie auf die ausgeglichenen Konten

Viele Konflikte, zermürbende Auseinandersetzungen und wachsende Unzufriedenheit haben ihre Ursache in den „nicht ausgeglichenen Konten". Es ist eine der großen Herausforderungen für eine partnerschaftliche Paarbeziehung, diese Ausgleiche (nach Hans Jellouschek) vorzunehmen. Suchen Sie also:
- ein ausgewogenes Verhältnis von Nähe und Distanz
- ein ausgewogenes Wechselspiel zwischen Geben und Nehmen
- ein ausgewogenes Machtverhältnis

und sorgen Sie dafür, dass es keine unerledigten Verletzungen gibt.

Eines der großen Angebote Gottes ist die Vergebung. Vergeben bedeutet loslassen können. Befreiung erleben. Entlastung. Wir haben es so nötig, weil wir immer wieder soviel Müll in unserem Leben ansammeln. Vertrauen Sie doch dieser Kraftquelle – auch in der Liebe. Das geht in drei Richtungen:
- Ich darf im Gebet Gott um Befreiung und Entlastung bitten.
- Ich stehe zu meinem Versagen, beharre jedoch nicht, sondern gehe auf meinen Partner zu und bitte um Verzeihung. Ohne mich selbst zu entschuldigen („Du kennst mich doch") und die Sache klein zu reden („War nicht so gemeint", „Du bist aber auch empfindlich!").
- Ich vergebe meinem Partner. Das Gegenteil von Vergeben ist Müllsäcke zu sammeln, die im Keller der Beziehung gelagert und bei Gelegenheit ausgeschüttet werden. Vergeben heißt übrigens nicht „Schwamm

drüber" oder „Ab unter den Teppich". Der Partner soll mitbekommen, was und wie er mich verletzt hat. Aber dies ist Gott sei Dank nicht das letzte Wort!

Übungen: Wir probieren es aus

☐ Welcher Bereich in unserer Beziehung erfüllt mich immer wieder mit Enttäuschung?

☐ Welche Erwartungen muss ich loslassen?

8. Grund:
Weil ich seine schlechten Eigenschaften gar nicht mehr so schlecht finde

Warum es gut ist, dass der andere anders ist

Kommt es Ihnen bekannt vor?

Ist es denn wirklich zuviel verlangt? Also, wir suchen ja auf keinen Fall den Superpartner. Wir sind doch Realisten. Aber warum könnte mein Mann, diese merkwürdige Mischung aus Prinz und Frosch, nicht etwas rücksichtsvoller, zärtlicher, handwerklich begabter sein? Susis Mann ist immer schon um fünf zu Hause, Annas Mann hält den ganzen Garten in Schuss, Lisas Mann repariert das Auto, Petras Mann joggt regelmäßig, Danas Mann ist gerade befördert worden. Karins Mann kocht wunderbare italienische Vier-Gänge-Menüs. Bettinas Mann würde sogar anschließend die Küche putzen und Hannas Mann erklärt mit einer Engelsgeduld seiner Tochter binomische Formeln.

Kennen Sie das? Oder kommt Ihnen vielleicht irgendeiner dieser Sätze bekannt vor:
- Wir Frauen würden unsere Fehler ja zugeben, wenn wir welche hätten.

- Wenn mein Mann sich nur etwas ändern würde, wenn er endlich ... (setzen Sie einen beliebigen Wunsch ein), dann wäre alles im grünen Bereich.
- Mein Mann kann tun und lassen, was ich will.

Was Sie gewinnen

Wo ist der Charme des Anfangs, wo ist dieses Gefühl des totalen Angenommenseins, das Paare beim Verliebtsein erleben?

Ich kann mich noch sehr gut an unsere Anfangszeit als Paar erinnern. Wir waren ja so verliebt. Mein Mann sagte dann öfter zu mir: „Bitte sag' mir doch, wenn dich irgendetwas an mir stört". Und ich schaute ihn mit glänzendem Blick an und hauchte: „Nein, mir fällt wirklich nichts ein!" Wie sich doch die Zeiten ändern!

Wann fing das eigentlich an, dass mich etwas an meinem Freund störte? Können Sie sich noch daran erinnern, wann sich in Ihrer Beziehung der Schleier der Verliebtheit auflöste und einen realen Menschen enthüllte? Einen Menschen aus Fleisch und Blut, mit Ecken und Kanten und Eigenarten, die Ihnen bis dahin auf wunderbare Weise verborgen waren.

Wir machen einen großen Sprung: Paare, die miteinander in innerer Verbindung alt werden, sind nicht die Glücklichen ohne Ecken und Kanten, ohne Macken und Fehler, sondern es sind diejenigen, die gelernt haben, ihre Schwächen und Macken zu akzeptieren und sich gegenseitig so zuzulassen.

Entdecken Sie immer wieder die Stärken (!) des anderen
Du bist so und nicht anders – entdecken Sie Ihren Partner immer wieder neu (vgl. Kapitel 4). Das Anderssein des anderen ist ein Gewinn.

Was hat Sie zu Beginn Ihrer Partnerschaft am anderen angezogen? Wie hat sich dieser Wesenszug in der Partnerschaft weiter entwickelt?

Fast jedes Paar kann entdecken: Der andere hat etwas, das mir selbst fehlt oder das ich mir nicht gönne. Wie kann es gelingen, das Anderssein des Anderen als Nutzen, als Ergänzung und nicht als Konkurrenz oder als große Störung zu sehen? Das setzt natürlich voraus, dass sich beide selbst auch mit einem Schuss Humor und Gelassenheit sehen können. Wo ist meine Grenze, wo ist meine Stärke? Wo berühren und bereichern wir uns, und wann kommt es immer wieder zu Konflikten?

Mein Mann ist ein sehr viel gelassenerer Mensch als ich, sein Glas ist halbvoll, während ich meins eher halbleer sehe. Wie ist das bei Ihnen?

Jeder tickt anders
Ich mache ernst damit, dass die Art und Weise, wie ich die Welt sehe, erlebe, gestalte, d.h. wie ich denke, fühle, handle meine Art ist und eben nicht der einzige Weg; ich will immer offener werden für die andere Art und Weise. Merken Sie, wie viele Konflikte sich vermeiden ließen, wenn wir auch hier uns und dem anderen gegenüber achtsam wären?

In der Phase der Verliebtheit hat das Anderssein des Anderen eine hohe Attraktivität. Der Andere – und damit auch das Andere – wird sozusagen aufgesogen, fast einverleibt, denn ich fühle mich dem Du ja so verbunden. Wir fühlen eins. Ein wunderschöner Traum. Der Volksmund hat dafür treffende Bilder: Die Liebe mag blind machen, aber die Ehe ist ein guter Augenarzt.

Was kann dies im Alltag einer Liebe bedeuten? Wirklich nur große und kleine Kriege, Müdigkeit, Groll, Bitterkeit, eskalierende Streits, zermürbende Auseinandersetzung, Nörgelei, Verstummen?

Es ist für mich eine der großen Herausforderungen im Zusammenleben mit anderen (noch einmal: auch mit den Kindern, den Freunden, Kollegen), wirklich zu begreifen und dann auch zu leben, dass der andere die Welt auf seine Weise sieht, erlebt, beschreibt, erfühlt. Und dass das gut ist.

Wie können wir Frieden schließen mit dem Anderssein des Anderen?

Zunächst einmal ist es nötig, den nüchternen Blick zu wagen.

- Ich frage im Konflikt nach meinen Anteilen, nach meinen Beweggründen und Bedürfnissen, die hinter der Unzufriedenheit stecken.
- Ich löse mich von der Vorstellung, wenn nur der andere sich ändern würde, wäre ich glücklich.
- Ich löse mich von der Vorstellung, ich könnte Menschen verändern.

Ändern kann ich nur mein eigenes Verhalten
Es ist in jeder Beziehung eine faszinierende Entdeckung, wie ich durch die Veränderung meiner Einstellung und meines Verhaltens auch bei dem anderen Veränderung bewirke. Wenn ich mich ändere, kann der andere nicht bleiben, wie er ist.

Ich akzeptiere dich
Ehe ist das beste Übungsfeld für „Ich liebe dich – wie du bist und nicht wie du sein solltest". Ich will mir wirklich kein Bildnis machen.

Wenn ich den Partner akzeptiere, wie er ist, begegne ich ihm viel entspannter. Das bestimmt die Atmosphäre. Meine Haltung besteht nicht aus Vorwürfen und Kritik. Ich bringe ihn nicht eine Abwehr-, Angriffs-, Rückzugshaltung.

Warum wir es uns manchmal so schwer machen

Weil wir Bilder in unserem Kopf haben
Also, im Großen und Ganzen sind Sie ja ganz zufrieden in Ihrer Ehe und mit Ihrem Partner. Nur eins stört Sie: „Warum akzeptiert er mich nicht einfach so, wie ich bin, und warum ist er nicht so, wie ich es mir wünsche? Er soll doch einfach nur das tun, was ich mir wünsche. Ist das denn zuviel verlangt?"

„Mein Mann kann tun und lassen, was ich will", treffender als mit diesem Buchtitel könnte man den täglichen Ehe-Irrwitz kaum zum Ausdruck bringen.

Übertrieben? Vorsicht! Seien Sie skeptisch sich selbst

gegenüber. Wir haben sie, unsere Vorstellungen und Erwartungen, unsere Bilder vom anderen (übrigens: Wir haben nicht nur Vorstellungen, Bilder, Erwartungen von unseren Ehepartnern, wir haben auch ziemlich klare Vorstellungen, wie sich unsere Kinder entwickeln sollten).

Lassen Sie das Vergleichen! Der Neid frisst die Seele auf
Wir werden immer Männer finden, Frauen finden, die sind schöner, fitter, sportlicher, anregender, ausgeglichener … oder irgendetwas anderes. Was ihnen dafür fehlt, fällt uns zunächst nicht ins Auge.

„Du sollst nicht begehren … " ist ein biblisches Gebot, ist die freundliche Ermutigung, bei sich selbst zu bleiben. Wer vergleicht, orientiert sich am Defizit. Und das ist keine gesunde Sichtweise. Sehen Sie die Stärken! Oder anders: Wissen Sie, was andere an Ihrem Partner schätzen?

Das haben wir miteinander vor

Amerikanische Wissenschaftler untersuchten in einer Studie, wie Paare aus dem Dilemma „Wenn nur der andere sich ändern würde" aussteigen können, und somit ihr Partnerschaftsschiff in viel friedlichere, sicherere Gewässer bringen könnten. Die Forscher befragten jeweils die beiden Partner unabhängig voneinander nach dem „wichtigsten Kontakt" des Tages. Ich frage Sie: Was war gestern mit Ihrem Partner der wichtigste Kontakt, die Begegnung, die sich Ihnen eingeprägt hat?

Woran haben Sie sich erinnert? An die wunderschöne Nacht, den lauschigen Abend, das gemütliche Frühstück? Die innige Umarmung, das gemeinsame Lachen über einen Witz? Dann haben Sie aber Glück gehabt. Die Wissenschaftler machten eine ernüchternde, erschreckende Feststellung: Die häufigsten „wichtigen Kontakte" waren Auseinandersetzungen, Streits, die immer wieder um das gleiche Thema kreisen: „Du musst dich verändern".

Es kommt Ihnen ganz sicher alles irgendwie bekannt vor. So gehen wir miteinander um. Sollte es wirklich eine Alternative geben? Ja. Die gibt es.

Das neue Land hat einen Namen: Ich akzeptiere dich.

Ich akzeptiere dich, das ist das Losungswort, mit dem Paare aus dem Teufelskreis eines zermürbenden Kleinkriegs herauskommen können.

Bevor vielleicht jetzt alle Alarmglocken schrillen: Es gibt ohne Zweifel destruktives Verhalten, das definitiv unakzeptabel ist: Missbrauch, seelische und körperliche Gewalt, Untreue, Süchte. Das muss nicht akzeptiert werden, sondern muss abgestellt werden – in den meisten Fällen mit Unterstützung von außen.

Hier geht es nun aber um die „kleinen Fehler"; ich rede jetzt von dem Menschen an Ihrer Seite, von dem Sie sagen, er ist ja eigentlich in Ordnung, klar liebe ich ihn, aber ...

Ich akzeptiere, weil ich dich verstehe

Es gibt die „dritte Geschichte": Die Partner versuchen ohne Festschreibungen, Kritik, Wertungen die Geschichte (das, worum es jeweils geht) neu zu beschreiben. Man achtet bei dieser Sichtweise nicht auf die Defizite des anderen, sondern auf die Unterschiede.

Ich akzeptiere, weil mein Mitgefühl geweckt wird
Bei Dauerbrenner-Themen haben beide das Gefühl der Ermüdung, und „es ist doch schon alles gesagt". Wie bringen wir unsere Anliegen vor? Bei sich immer wiederholenden Themen sicher mit den „harten" Emotionen wie Wut, Ärger, Frust. Doch vielleicht sind die „weichen" Emotionen noch gar nicht zur Sprache gekommen: die Traurigkeit, das Gefühl der Einsamkeit, die Angst vor dem Verlassenwerden.

Tiefe, alte Wunden werden leicht versteckt, und wenn dann noch die „harten" Emotionen mit den entsprechenden Verstößen gegen die konstruktiven Kommunikationsregeln vorgetragen werden, fährt der Zug wieder in die falsche Richtung.

Zu einer lebendigen Partnerschaft gehört es auch, in Weisheit, Güte, Gelassenheit das Anderssein des anderen, seine Individualität, seine Persönlichkeit anzunehmen.

Dabei stecken in den „weichen" Emotionen viele Chancen: Sie erwecken viel eher das Mitgefühl und die Bereitschaft zur Kooperation. Anders als die „harten" Emotionen drängen sie nicht in die Verteidigungshaltung, in das tückische Angriff-Gegenangriff-Gebaren – der Tod jeder Kommunikation (denken Sie an die „Sprachregeln der Liebe", 2. Kapitel).

Ich akzeptiere dich
Der Druck ist raus. Es fließt. Ich habe mich geöffnet. Ich fühle mich verstanden. Ich erlebe und gehe Schritte der Veränderung. So läuft es im besten Fall, und es ist eine wunderbare Erfahrung, dies zu erleben.

Aber das ist nur die eine Seite der Medaille.

Zu einer lebendigen Partnerschaft gehört es auch, in Weisheit, Güte, Gelassenheit das Anderssein des anderen, seine Individualität, seine Persönlichkeit anzunehmen. Jeder Mensch hat einen Charakter, der im Wesentlichen das Verhalten und die Wahrnehmung prägt. Aus einem warmherzigen, unsportlichen Mann machen Sie keinen Arnold Schwarzenegger.

Übungen: Wir probieren es aus

☐ Gehen wir in Gedanken noch einmal zurück zum Anfang der Beziehung:

Was hat mich damals an meinem Ehepartner besonders angezogen? Was machte ihn so liebenswert?

☐ Denken Sie an ihr Jetzt. Ihr Partner hat besondere Fähigkeiten und Stärken. Sagen Sie es ihm.

9. Grund:
Weil er der Vater meiner Kinder ist

Warum Elternsein das große Glück und die große Falle sein kann

Kommt es Ihnen bekannt vor?

(Eine Vorbemerkung für kinderlose Paare: Sie können dieses Kapitel überblättern. Aber vielleicht hilft es Ihnen auch, andere Paare mit Kindern besser zu verstehen.)

Ich habe lange Zeit Vorbereitungskurse für „Werdende Eltern" gehalten. Immer wieder rührte mich dieser Anblick: Er legt beschützend den Arm um sie. Ihre Hand liegt auf seinem Knie.

Gemeinsam mit einer Ärztin und einer Krankenschwester führte ich diese Kurse durch. Die beiden waren für das Handfeste zuständig: vier Kilo schwere Babypuppen baden („Nun packen Sie ruhig zu, junger Mann!") und „Unfallverhütung im Haushalt" („Vergessen Sie bloß die Tabletten bei Oma auf dem Nachttisch nicht!"). „Wie kochen wir denn biologisch hochwertige Breichen" und sogar das Stoffwindeln wurden geprobt. Tja, und dann kam mein Part: „Elternwerden – Paarbleiben".

Die Paare haben mir oft nicht geglaubt. Da saßen sie, im Stuhlkreis, Arm in Arm, er hielt zärtlich ihre Hand, der dicke Bauch wurde stolz getragen. Vorfreude pur. Was gibt es Schöneres, als wenn Menschen sich auf die gemeinsame Zeit als Eltern freuen? Können Sie sich auch noch an diesen seligen Zustand erinnern?

Und nun trübte ich ein wenig ein. Ich sprach von den Herausforderungen, von den Sackgassen und den kritischen Punkten für eine Paarbeziehung, wenn aus der Zweierbeziehung eine Dreierbeziehung wird.

Ich stellte den immer noch lächelnden Paaren die Sackgassen genauer vor, in die man als Paar geraten kann, wenn man Eltern ist. Sie glaubten mir nicht. Viel lieber sprachen sie in den Pausen über die günstigen Angebote bei IKEA, die passenden Bordüren für die Kinderzimmertapete und ob man sich den Kombi besser schon vor der Geburt oder erst danach kaufen sollte. Und dass sie sowieso alles ganz anders machen würden. – Zum Glück hatten wir noch ein Kurs-Treffen mit allen Babys angesetzt. Wenn auch wirklich alle Kinder geboren waren.

Der Übergang war für mich mit jedem Kurs neu verblüffend. Da saßen nun die frischgebackenen Mamas und Papas mit ihrem Baby. Ein auffallend hoher Anteil von dunklen Augenringen war zu vermerken, die Frisuren der Damen waren zum Teil achtlos zusammengebunden, fettige Haare (tatsächlich), sogar Flecken auf T-Shirts kamen vor. Und der Lärmpegel war auch anders als vorher.

„Schön, dass Sie hier sind", begrüßte ich mit meinem charmantesten Lächeln, „Wie geht es Ihnen denn so als Familie?"

An die Antwort dieses Vater erinnere ich mich besonders gut: „Ich habe Ihnen ja nicht geglaubt, Frau Filker. Ich habe gedacht, ich packe mein Kind oben auf mein Leben drauf, aber dass so ein kleiner Wurm einmal von unten alles umkrempelt, das hätte ich mir niemals so vorgestellt."

Kinder stellen alles auf den Kopf. Der neue Chef zieht ein … so ist es für die erste Zeit. Und auch danach ist das Leben für das Paar ein anderes – ein schönes, aber ein anderes! Auf jeden Fall: ein anders schönes!

Was Sie gewinnen

Kinder sind ein Schatz und keine schwere Krankheit

„Warum bloß wirken viele Eltern auf mich so, als hätten Sie nicht Kinder bekommen, sondern eine schwere, unheilbare Krankheit zu ertragen?" Dieses Zitat eines kinderlosen Mannes hat mich nachdenklich gemacht.

Deshalb zunächst „Herzlichen Glückwunsch!" Ihnen ist ein großer Schatz anvertraut worden! Sie dürfen Kinder durchs Leben begleiten. Konnte Ihnen eigentlich etwas Besseres passieren? Manchmal sind die Lebensumstände so, dass uns die Wahrheit dieses Satzes im Alltagsstress verloren zu gehen droht, weil Aldi, Schule, Streit, schlechte Laune bei herumfliegenden Socken, Meckern über den Vollwert-Gemüseauflauf alles verwischt, aber Kinder sind – ganz klar – ein großartiges Geschenk.

„Warum bloß wirken viele Eltern auf mich so, als hätten Sie nicht Kinder bekommen, sondern eine schwere, unheilbare Krankheit zu ertragen?"

Während dieses Buch entsteht, geistert gerade das Ergebnis einer Studie durch die Medien, das erschreckt: Der Anteil der jungen Menschen, die sich keine Kinder mehr wünschen, ist in den vergangenen Jahren dramatisch gestiegen. Viele haben keine Lust mehr auf Kinder. Sie passen nicht ins Lebenskonzept, weil sie einschränken.

Als Eltern haben Sie sich für Ihre Kinder entschieden und erfahren immer wieder, wie Kinder Ihr Leben bereichern. Nicht immer ist es leicht, nicht immer haben Sie es leicht. Aber wer hat das denn auch behauptet, dass die Dinge auf dieser Welt immer leicht sein sollten?

Wir betreten neues Land und entdecken uns und die Welt neu

Die Frau wird zur Mutter, der Mann zum Vater. Gemeinsam haben Sie sich auf eine spannende Reise begeben. Was gibt es aneinander und mit und durch die Kinder nicht alles zu entdecken? Viele ungeahnte Fähigkeiten meines Partners, Gaben, die ich bei mir nicht vermutet hätte.

Warum wir es uns manchmal so schwer machen

Der schwierige Seiltanz

Wenn ein Paar Eltern wird, geht es um die Kunst der sportlichen Psychoübungen: der Spagat zwischen Elternsein und der Paarbeziehung, der Seiltanz, engagierte Mutter, anspruchsvolle Partnerin und eine attraktive Geliebte zu sein, soll mit guten Noten bestanden werden, Mann will zur Generation der neuen engagierten Väter gehören und macht sich Sorgen, wie die Brötchen verdient werden sollen. Und jetzt haben die auch noch Studiengebühren beschlossen!

Deshalb ist die Familiengründungsphase für ein Paar besonders tückisch.

Das Paarleben ist oft unterentwickelt

Nach dann wieder doch ganz ruhigen, oft ganz entspannten Jahren der Familienzeit brechen neue Stürme los. Die Teenie-Zeit sorgt für guten Wellengang in den Familien, auch in der Paarbeziehung. Bei diesen neuen Herausforderungen erscheint vielen Paaren die Kleinkindzeit mit Tendenz zum rosigen Rückblick wie die Zeit der Glückseligen. Was waren schon schreiende Kinder im Vergleich zu streitenden Jugendlichen, wie harmlos muten Fragen an wie „Wieviel Schokolade ist gut für unser Kind?", wenn es jetzt heißt: „Alle dürfen nachts um die Häuser ziehen, nur ich nicht! Mona hat schon lange ein Tatoo und Piercings find ich echt cool!", samt der unerträglichen Vorstellung für Väter, dass sich dieser picklige Jüngling ins Bett der Tochter legen könnte.

Wohl dem Paar, das in ruhigeren Zeiten gut vorgesorgt und ein „kinderfreies" Paarleben entwickelt und gepflegt hat. Denn die Gefahr ist groß, dass sich bei den Paaren in der Zeit zwischen Windelnwechseln und Piercing-Diskussionen, also in einer Zeit von rund 15 Jahren, sehr viel Routine eingeschlichen hat – die oft sehr hilfreich ist, vielleicht aber auch Langeweile mit sich bringt. Wenn's ganz schlecht gelaufen ist, ist die Frau endgültig zu „Mama" mutiert und der Mann zum „Papa" – für alle. Und nun stürzen sich beide erst recht auf die heranwachsenden Teenies, weil man sich als Paar nicht mehr viel zu sagen hat.

Achtung Frauen! Wir sind das gefährdetere Geschlecht, die Kinder zum Partnerersatz werden zu lassen.

Achtung Frauen! Wir sind das gefährdetere Geschlecht, die Kinder zum Partnerersatz werden zu lassen.

Das haben wir miteinander vor

Die Paarbeziehung hat Priorität vor der Elternbeziehung
Wo immer ich mit Eltern in Seminaren, Vorträgen usw. zusammenkomme, konfrontiere ich sie mit meiner „Lieblings"-Provokation: „Die Paarbeziehung hat immer Vorrang vor der Elternbeziehung". Sie werden es schon ahnen: Mit diesem Satz haben eher die Mütter als die Väter Probleme.

Aber es ist so: Der wichtigste Beitrag zur Erziehung unserer Kinder ist der Erhalt einer liebevoll gestalteten Partnerschaft.

Eine Frau erzählt vom Beginn ihrer Ehe: „Wir waren schon lange als Paar zusammen, fast ein bisschen überraschend kam bei uns beiden der Kinderwunsch. Mein Freund meinte: ‚Na, dann können wir ja heiraten, wenn ein Kind unterwegs ist.' Aber das wollte ich nicht. Ich wollte das Gefühl um meiner selbst willen geliebt zu sein."

Bewahren Sie sich als Paar dieses Grundgefühl „Ich bin vom anderen um meiner selbst willen und nicht als Vater oder Mutter der Kinder geliebt".

Wir akzeptieren die Veränderung
Kinder sind in unserem Leben eine große Bereicherung, aber wir erkennen die Gefahr, dass das Leben der Kinder sich in allen Fugen und Ritzen unserer Paarbeziehung ausbreitet. Deshalb kümmern wir uns um ein eigenes Paarleben und bleiben im Gespräch. Wir wissen, dass ein Kind das Leben von Grund auf verändert, und wir reflektieren immer wieder unsere Rollen als Eltern.

Alles hat seine Zeit
Wir akzeptieren unsere Lebensphase, in der wir uns gerade befinden. Überlegen Sie miteinander: Was ist eigentlich im Moment unsere Lebenssituation? Jede Phase hat ihren Verlust und ihren Gewinn. Unser Problem ist oft, dass wir den Verlust nicht akzeptieren und den Gewinn nicht sehen. Sind Sie vielleicht noch mitten im Gewimmel der Familiengründungsphase? Wahrscheinlich ist es so, dass die Frau für eine Zeit lang aus dem Beruf ausgestiegen ist. Da gibt es natürlich Verluste. Sie verlieren als Paar Ihre Flexibilität und Spontanität: Mal eben schnell ins Kino gehen, am Wochenende die Nacht zum Tage machen, das zahlen Sie am nächsten Morgen bitter. Eine junge Frau erzählt: „Ich wollte mein altes Leben weiterleben und trotzdem Mutter sein. Ich wollte beides. Ich habe nicht akzeptieren können, dass mein Leben völlig anders geworden war. Und es war für mich ein Kompliment, wenn eine Freundin zu mir sagte: ‚Ich nehme dich gar nicht so als Mutter wahr'." Auch manche Männer haben noch gar nicht innerlich angenommen, dass sie Väter sind. Allzu schnell bietet sich die Flucht in die Arbeit an. Von einem dreifachen Vater hörte ich einmal diese Geschichte: Er fühlte sich oft überfordert. Eines Tages beschloss er: „Jeden Abend, wenn ich nach der Arbeit vor unserer Haustür stehe, sage ich mir: ‚Ich bin Vater'. Das half mir sehr."

Wir hängen die Messlatte nicht zu hoch
Und auch das muss immer wieder einmal gesagt werden: Wir leben in Zeiten völlig überspannter Familien- und Kinderförderungsideologien. Zwischen Pekip- und Pisastress, zwischen irgendwelchen geheimnisvollen Zeitfens-

tern fürs Sprachenlernen bei den Vierjährigen, die sich vor der Nase schließen, wenn Mama und Papa nicht aufpassen, und Fahrdiensten für Fußballturniere rund um den Globus bleibt für das Paar manches auf der Strecke. Machen Sie bitte nicht alles mit! Und machen Sie sich nicht zum Sklaven ihrer Kinder.

Ihre Kinder werden es Ihnen danken, weil Sie sich nicht später mit Eltern (meistens Mütter mit dem eingebauten schlechten Gewissen, das immer anspringt) auseinandersetzen müssen, die sich ganz aufgeopfert haben.

Beide Jobs sind gleich wichtig
Meist hat einer den Schwerpunkt in der Familie, der andere im Beruf (leider ist es in Deutschland noch Zukunftsmusik, dass sich Eltern mit guten Teilzeitanstellungen diese Aufgabe teilen können). Erkennen Sie unbedingt die Tätigkeit des anderen als gleichwertig an. Bitte keine Geringschätzung („Ich weiß gar nicht, was du eigentlich den ganzen Tag machst!") und bitte auch kein Neid!

Wir erkennen und vermeiden die typischen Sackgassen?

1. Sackgasse: „Wie kommt Mann denn dazwischen?"
Ob Mann will oder nicht: Frau und Kinder verbringen meist mehr Zeit miteinander. Das fängt ja schon mit dem Baby im Bauch an. Es ist nicht immer so einfach für ihn dazwischenzukommen. Wie schnell kann beim Mann das Gefühl aufkommen: „Ich bin außen vor".

Und dann kann es passieren, dass der Mann auch bei den Dreijährigen noch aus dem Kinderzimmer herausruft: „Sag mal Schatz, wo sind noch mal die Schlafanzüge?" Und das endet dann so, dass – so erlebte ich es in der vergangenen Woche – eine besorgte Mutter mit all ihren Freundinnen darüber redet, wie schwer es ist, wenn ihre 14-jährige halbnackt in die Schule läuft, sprich: sehr bauchfrei, sehr busenbetont, sehr viel kaum noch vorhandener Slip zu sehen ist, es ihr aber schwer fällt, mit der Tochter darüber zu reden oder gar eine klare Grenze zu ziehen. Ich fragte: „Und, hat Stefan (also der Vater der besagten halbbekleideten Lady) schon mit Julia darüber geredet, auch aus der Perspektive als Mann?" – da sagte meine Freundin nur: „Ach, Stefan hält sich da immer ganz raus".

Ein Ausweg aus der Falle:
Jedes Engagement der Väter in die Erziehung ist eine Investition in die Vater-Kind-Beziehung und in die Partnerschaft. Jeder Mann hat seine Möglichkeiten, um zu seinem Kind eine besondere Beziehung aufzubauen. Aber liebe Mütter, ihr müsst auch wollen!

Viele Väter erleben anfangs zu ihrem Kind eine gewisse Distanz. Treten Sie als Partnerin nicht fordernd oder anklagend auf, sondern schaffen Sie Freiräume für den Vater und sein Kind, in denen er sich nicht „beobachtet" fühlt.

Jedes Engagement der Väter in die Erziehung ist eine Investition in die Vater-Kind-Beziehung und in die Partnerschaft.

Für die meisten Väter sind „normale" Arbeitszeiten Realität. Sie stehen oft unter dem Druck, den beruflichen Anforderungen entsprechen zu müssen und den Platz in der Familie zu finden. Geben Sie der Zeit Qualität. Entdecken Sie die „uneigentlichen" Zeiten des Alltags, die kleinen Zeiteinheiten.

Wenn mein Mann abends zu Hause war, brachte er die Kinder ins Bett. Als begeisterter Erzähler und konkurrenzlos ausdauernder Vorleser hatte er selbst daran das größte Vergnügen. Einmal im Jahr verreiste er mit den Kindern allein. Alle Kindergeburtstage hat Papa durchgeführt, auch das war eine heilige Familientradition.

2. Sackgasse: So gut wie ich kann's keiner – Das Ideal der Supermutter

Viele Frauen entwickeln einen großen Eifer in der neuen Rolle als Mutter, die gesellschaftlich mit hohen Idealen belegt ist.

Sie entwickeln für viele Abläufe mit dem Baby schnell Routine, eben so schnell fühlen sich viele Väter „überflüssig". Außerdem haben sie leicht das Gefühl, es „sowieso nicht richtig zu machen" oder dass es ihnen die Partnerin nicht zutraut, „alles richtig zu machen".

Wege aus der Sackgasse:

„Mama, mach die Tür zu!" – Abschied von der Muttermacht!

Lassen Sie bitte den Vater seine Erfahrungen machen.

- Zutrauen und Routine brauchen Übung und nicht die ständige Korrektur.
- Es gibt viele Weisen, etwas „richtig" zu machen. Kann es Ihnen, liebe Frau, Ihr Mann überhaupt „recht" machen?
- „Loslassen" fängt bei einem Kind schon mit dem „Zulassen" des Vaters an.

Es ist deshalb hilfreich, so früh wie möglich Vater und Kind stundenweise allein zu lassen.

„Ich kann mir gar nicht vorstellen, eine Nacht ohne mein Kind zu verbringen", sagen manchmal Mütter, die ich zu einem Frauen-Wochenende einlade. Ich kann da immer nur sagen: „Pass mal auf, irgendwann kommt die Zeit, da kann es sich dein Kind wunderbar vorstellen, ein Wochenende ohne seine Mama zu verbringen. Und das kommt schneller als du denkst."

Wenn Männer wüssten, wie manche Frauen über sie reden: „Mein Mann mit den beiden Kindern allein ein Wochenende, das macht der nicht!" oder: „Das bekommt er nicht auf die Reihe!" Peinlich, peinlich ... und zwar für uns Frauen!

Übungen: Wir probieren es aus

☐ Freuen Sie sich an den Stärken, die Ihr Partner als Vater oder Mutter hat. Erzählen Sie sich:
- „Besonders mag ich es, wenn du ... "
- „Ich bewundere, wie du ... "

☐ „Die Paarbeziehung hat immer Priorität vor der Elternbeziehung!"
- Stimme ich diesem Satz zu?
- Was bedeutet das konkret?
- Spontan fällt mir ein, was bei uns verändert werden müsste, nämlich ...

10. Grund:
Weil wir noch viel miteinander vorhaben

Warum Ziele die Liebe frisch halten

Kommt es Ihnen bekannt vor?

Das Thermometer zeigt schon seit Wochen unter Null an. Der Winter hat die Großstadt Berlin fest im Griff. Die Tür zur Notübernachtung wird aufgestoßen, und wieder kommt eine Gruppe frierender und hungriger Menschen in die Kältehilfe der Berliner Stadtmission. Ein älteres Ehepaar steht an der Theke, begrüßt jeden neuen Gast in freundlicher Mundart und bietet eine Tasse heißen Tee an. Jeden Abend sind die beiden hier. Viele Stunden, viele Wochen in der schlimmsten Zeit für Menschen ohne Dach über dem Kopf. Es ist nicht ihre erste Saison; diesen Dienst verrichtet das Rentner-Ehepaar nun schon viele Jahre. Es reist an aus einem beschaulichen schwäbischen Dorf, schlägt sein Quartier in einem Gastzimmer auf und dient den Menschen hier. „Die Beschenkten sind doch wir", sagen die beiden immer wieder, wenn man ihnen Dank ausspricht und sie nach ihren Motiven fragt.

Wandern im Harz? Es ist noch nicht lange her, da hätte Ute bei der Aussicht auf Wandersocken, Rucksack und von Rentnern bevölkertem Mittelgebirge nur die Nase gerümpft. Jetzt genießt sie die Wandertage mit Stefan. Völlig neu entdeckt sie erwanderte Zeit, den Duft des Waldes, die Ruhe zum Schweigen und Reden mit Stefan.

Beweglich bleiben, neue Ziele oder alte Ziele neu miteinander angehen, gemeinsam Neues wagen – ob das eine gute Kurzformel ist, um den Spannungsbogen in einer Beziehung zu bewahren? Darum soll es im letzten Kapitel gehen. Jeder von uns hat Hoffnungen, Sehnsüchte, kleine und große Träume. Nicht alle sollen und können erfüllt werden, aber keinesfalls dürfen sie nur so begraben werden. Darum ist es eine wunderbare Herausforderung für ein Paar, diesen Träumen nachzuspüren.

Was Sie gewinnen

Gemeinsame Ziele geben dem Paar-Leben eine Richtung

Was haben wir vor in den nächsten fünf oder zehn Jahren: als Familie, als Ehepaar, was wollen wir beruflich erreichen? Diese Fragen sind in jeder Lebensphase hilfreich. Mein Mann und ich hatten schon als befreundetes Paar sehr konkrete Ziele ins Auge gefasst: Studium und Ausbildung sollten beide abschließen und dann wollten wir als Ehepaar gemeinsam eine Pfarrstelle übernehmen. Auch für unsere Familienplanung hatten wir sehr konkrete Bilder im Kopf. Wir wollten gern zwei adoptierte und zwei leibliche Kinder. Welche Ziele hatten Sie, haben Sie?

Wir gestalten unser Leben
Wir haben unser Leben nicht in der Hand.
Wir legen unser Leben in Gottes Hand.
Wir nehmen unser Leben in die Hand.

Jeder dieser drei Sätze stimmt. Sie beschreiben die Unverfügbarkeit, die Geborgenheit und den Gestaltungswillen eines Paares.

Wir freuen uns auf die Zeit, die kommt und die wir gemeinsam erleben wollen, und wir haben Pläne – diese Aussicht belebt.

Wir haben viel Zeit – vielleicht …
Niemand weiß, wie viel Zeit einem Menschen, also auch einem Paar, gegeben ist. „Zeit ist Gottes Art, Kredit zu geben" – Sie erinnern sich –, eine treffende Formulierung über Ursprung und Ziel unserer Lebenszeit.

Werfen wir daneben einen Blick auf die Statistik: Menschen haben eine immer höhere Lebenserwartung. Noch nie hatten so viele Paare die Möglichkeit, 50 und mehr Jahre Zeit miteinander zu haben.

Gemeinsame Lebensplanung stärkt die freundschaftliche Verbundenheit
Gemeinsames Träumen, Planen, Gestalten zeigt dem anderen „Du bist mir wichtig, mit dir möchte ich meine Lebenszeit verbringen".

Warum wir es uns manchmal so schwer machen

Manchmal kommt es anders als erwartet
Sie erinnern sich an unsere Ziele, von denen ich sprach? Pfarrstelle teilen, vier Kinder? Unser Traum bekam Bodenkontakt mit einem Anruf aus Berlin. Berlin – ursprünglich die Stadt meiner Alpträume: groß, grau, kalt. In meinen Träumen sah ich mich mit meiner Familie in irgendeiner gemütlichen oberbergischen Kleinstadt in einem schnuckeligen Fachwerk-Pfarrhaus wohnen. Aber die Berliner wollten meinen Mann als Direktor der Berliner Stadtmission.

Träume zerplatzten. Berlin kam.

Welche Hoffnungen und Vorstellungen mussten Sie aufgeben? Flexibilität ist nötig, denn Unwägbares kreuzt unsere Lebenswege, immer wieder: Krankheiten, Arbeitsplatzverlust, interessante Chancen …

Sind unsere Entscheidungen gefragt, wie von uns oben beschrieben, dann müssen diese gemeinsam gefällt werden.

Wir haben uns so aneinander gewöhnt
Vertrautheit und Aneinandergewöhntsein, sich selbstverständlich nehmen, im Sinne von „Nichts neues erwarten", das liegt eng beieinander. In jeder Phase einer Beziehung ist es notwendig, auf die Alarmsignale des Auseinanderlebens zu achten, denn der Übergang von der Vertrautheit in die Selbstverständlichkeit geschieht oft unbemerkt. Es ist also wichtig, Vorsorge zu betreiben, den Signalen einer erschöpften Beziehung auf die Spur zu kommen.

Gefährliche Zeiten sind vor allem die Übergangsphasen (z.B. Elternwerden, Teenie-Zeit – meist deckungsgleich mit der Lebensmitte der Eltern, Klimakterium, leeres Nest, Eintritt ins Rentenalter).

Nehmen Sie als Paar frühzeitig diese Übergangsphasen wahr. Träumen Sie miteinander: „Was können wir uns wie vorstellen …"

Das haben wir miteinander vor

Weil du es bist …

Erneuern Sie in Ihrer Ehe immer und immer wieder das Gefühl der Verbundenheit.

Birte erzählt, nachdem ihr Mann sie und die beiden Kinder zwei Jahre vorher verlassen hatte und zu einer anderen Frau gezogen war: „Wenn ich jetzt im Abstand meine Ehe sehe, muss ich feststellen: Eigentlich hatte sich mein Mann nie für mich entschieden …" Das war dann auch an allen Ecken und Enden zu spüren: Er unterstützte ihr Studium nicht. Als sie mit viel Kraftaufwand ihr Diplom schaffte, zeigte er keine Freude und Stolz. Um gemeinsame Zeit musste sie kämpfen.

„Mit dir will ich durchs Leben gehen, für dich habe ich mich entschieden, mit dir will ich alt werden" – dies ist die Lebenshaltung der Verbundenheit, die sich in Gesten und Worten ausdrückt: Finden Sie Ihre Worte. Vielleicht solche: „Ich bin so froh, dass es dich gibt". Es klingt so banal und ist doch so wirkungsvoll, wenn Sie es nicht nur denken, sondern auch aussprechen! Und stehen Sie zu Ihrem Partner, auch öffentlich. Verbundenheit ist kein gut zu hütendes Geheimnis. Deshalb nehmen Sie Ihren Partner einfach mal so in den Arm – vor anderen. Übrigens auch ein guter Grund, immer denselben Mann zu küssen – damit auch andere sehen, zu wem man gehört!

Kostbare Rituale
Welche Rituale haben wir als Familie, als Paar? Welche Veränderungen ergeben sich durch neue Lebensphasen?

Mein Mann hatte jeden Kindergeburtstag ausgerichtet: Spiele, Geschichten erzählen usw. Nach vielen Dutzend Kindergeburtstagen war eines Tages Schluss. Ein merkwürdiges Gefühl. Abschied. Jetzt gehen wir mit den großen Kindern an ihrem Geburtstag Essen.

Jede Lebensphase fordert also ein neues Hingucken: Was ist uns wichtig für den Tagesablauf, wie wollen wir die Wochenenden gestalten, ist ein Ehe-Abend hilfreich, wie gestalten wir die wichtigen Feiertage?

Träumen dürfen
Träumen Sie miteinander. Dafür brauchen Sie freie Luft zum Atmen. Gut, wenn sich manchmal diese Zukunftsmusik von selbst ergibt. Noch besser ist es aber, sich dafür als Paar bewusst Zeit zu nehmen. Zeit zum „Ach, das könnte ich mir vorstellen ..."-Sagen. Wichtig ist dabei nur eines: dass man sich auch dann an die Spielregeln hält. Streng verboten sind ganz klar verächtliche Kommentare („So ein Blödsinn!") oder die vernünftigen Bauchlandungen („Können wir uns sowieso nie leisten"), die gleich alles abschmettern.

Spüren Sie in sich hinein und entdecken Sie die Sehnsüchte, die Sie haben. Teilen Sie sich Ihrem Partner mit. Was können Sie als Paar umsetzen, was ist die eigene Aufgabe? Wo ist die Zeit noch nicht gekommen? Aber Achtung: Sagen Sie nicht zu oft „Wenn erst einmal ..."

Wenn Sie Träume haben, fragen Sie: Warum jetzt noch nicht? Was hindert uns jetzt daran, diese Träume umzusetzen?

Für Balance sorgen
Uns war als Paar die schwierige Situation, die sich aus den so anders verlaufenen Berufswegen ergeben hatte, immer bewusst. Wie konnte ich meinen Beruf leben? Das Bemühen meines Mannes, dafür Wege zu sehen und zu ermöglichen, Ideen zu unterstützen, haben in den Jahren gezeigt, wie wichtig ihm mein berufliches Engagement ist.

Sprechen Sie über Ihr letztes Ziel
Wir reden nicht gern über den Tod. Der Tod ist bedrohlich. Er macht uns Angst. „Bloß nichts herbeireden!" sind abergläubische Ängste mancher Menschen.

Eine Frau im mittleren Alter, deren kerngesunder Mann nach dem Sporttraining an einem Herzinfarkt verstarb, erzählte: „Wenige Wochen vor seinem Tod sagte Michael beim Kaffeetrinken zu mir: ‚Wenn ich einmal tot bin, dann sollst du wissen, ich war sehr glücklich mit dir und unseren beiden Kindern.' Du glaubst nicht, wie mich das jetzt tröstet."

Doch, ich glaube ihr. Am Abend habe ich das Gleiche zu meinem Mann gesagt. Aber übrigens nicht das erste Mal. Wir reden immer wieder einmal darüber, wie es sein würde, wenn einer von uns sterben würde. Auch ganz praktische Dinge haben wir bedacht: Wir haben unser Testament gemacht, uns gegenseitig erzählt, wer uns beerdigen soll, welche Lieder wir uns wünschen.

Übungen: Wir probieren es aus

☐ Was sind meine Lebensziele?
☐ Was ist unser Ziel, sind unsere Ziele als Paar?
☐ Was möchten wir in den kommenden fünf, zehn Jahren erreichen?
☐ „Ich wünsche mir …" Erzählen Sie einander Ihre Wünsche, Träume, Visionen. Geld, Nutzen usw. spielen dabei erst einmal keine Rolle. Zwischen Grönland-Tour und „Unser Schlafzimmer sollte sonnenblumengelb sein" ist alles drin.

... UND NOCH 1/2 GRUND:

„Weil der, der etwas wagt, viel gewinnen kann"

Warum es gut ist, gleich einen ersten Schritt zu tun

Sie haben *10 1/2 gute Gründe, immer denselben Mann zu küssen* gelesen. Nichts freut eine Autorin mehr, als wenn ein Buch bis zur letzten Seite aufgenommen wird. Hoffentlich haben Sie hier und da etwas angestrichen. Denn jetzt heißt es zur Tat zu schreiten! Natürlich haben Sie beim Lesen immer wieder an Ihre Partnerschaft gedacht. Sich ertappt gefühlt, vielleicht auch beschwingt, ermutigt, traurig, je nachdem.

Und wären Sie nicht mit Stefan, sondern mit Oliver oder Jörg oder Dirk verheiratet, wären Ihre Gefühle mit ziemlicher Sicherheit dieselben. Übrigens noch ein Grund, immer denselben Mann zu küssen!

Nun sind Sie dran. Ihre Schritte sind gefragt. Entscheiden Sie, was der erste Schritt ist. Vielleicht noch einmal in Ruhe das Buch von vorne lesen? Oder mit einer Freundin? Und noch besser: gemeinsam mit Ihrem Mann, Kapitel für Kapitel. Das wäre doch was!

Also, los geht's!

Ich danke

meinem Mann Hans-Georg, mit dem ich nun schon seit fast dreißig Jahren gemeinsam auf dem Weg bin. Ich bin sehr froh, an seiner Seite Frau sein zu dürfen. Wir haben eine grandiose Entdeckungsreise hinter uns. Mit ihm freue ich mich über unsere große Familie. Ihm verdanke ich die gute Einsicht, dass Ehe der wunderbare Ort ist, in der Liebe ein gutes Nest findet.

Ich danke meinen Freundinnen und Wegbegleiterinnen für die unendlich vielen Gespräche über Gott und die Welt, und vor allem die Liebe und „die" Männer. Gespräche, wie man sie nur unter Frauen führen kann. Ich danke für die vielen Einsichten, zu denen wir gemeinsam vorgestoßen sind und die mich meinem Mann näher gebracht haben.

Danken will ich den vielen Menschen, die ich begleiten und beraten durfte, die ihr Lebensfenster geöffnet haben, die den Mut hatten, nicht alles für sich zu behalten. Höhen und Tiefen, Schmerz und Zuversicht habe ich erahnen können. Diese Menschen haben mich darin bestärkt, für die Liebe die Hand zu heben.

Es ist ein Vorrecht, auf den reichen Erfahrungs- und Forschungsschatz anderer Fachleute zurückgreifen zu können. Stellvertretend für viele, denen ich Anregungen verdanke, nenne ich Ago Bürki-Fillenz, John Gottmann, Hans Jellouschek, Michael-Lukas Moeller, Jürg Willi.
   Vielen Dank!

Wenn Sie mehr wissen wollen, Hilfe und Beratung suchen:

Deutsche Arbeitsgemeinschaft für Jugend- und Eheberatung e.V. Die DAJEB gibt einen Beratungsführer mit allen Beratungsangeboten von Bund, Ländern, kommunalen, kirchlichen und sozialen Institutionen heraus. Bundesgeschäftsstelle: Neumarkter Straße 84 c, 81673 München, Deutschland. Tel. 0(049)89/4 36 10 91, Fax: 0(049)89/ 431 12 66, www.dajeb.de

Der Beratungsführer gibt umfassend Auskunft über Seelsorge und Therapie in christlichen Einrichtungen (auch als Buch erhältlich), www.derberatungsfuehrer.de

C-Stab ist eine überkonfessionelle Datenbank für Seelsorger, Therapeuten, Ärzte, Berater, www.c-stab.de

Team.F unterstützt und stärkt als christliche Organisation Ehen und Familien. Team.F bietet ein umfassendes Kurs- und Seminarangebot. Geschäftsstelle: Honseler Bruch 30, 58511 Lüdenscheid, Deutschland.
Tel. 0(049)2351-816 86, Fax: 0(049)235-80664,
www.team-f.de; info@team-f.de

Weißes Kreuz unterhält Beratungsstellen für Ehe- und Familienfragen, Sexualseelsorge. Geschäftsstelle: Weißes-Kreuz-Str. 1-4, 34292 Ahnatal/Kassel, Deutschland, Tel. 0(049)5609-8399-0, Fax: 0(049)5609-839922, www.weisses-kreuz.de; info@weisses-kreuz.de

Bundesarbeitsgemeinschaft für Familienmediation (BAFM), Rathausplatz 25, 22926 Ahrensburg, Deutschland, www.bafm-mediation.de; bafm-mediation@t-online.de

Telefonseelsorge der Evangelischen und Katholischen Kirche in Deutschland, Tel. 0800-1 11 01 11 ; 0800-1 11 02 22

Claudia Filker

10 1/2 Gründe es nicht
mehr allen recht zu machen

80 Seiten, kartoniert
ISBN 978-3-7655-3768-4

Wie wir mit übersteigerten Erwartungen gut umgehen, wie wir manche Erwartungen überhaupt als zu hohe Erwartungen erkennen, wie wir mehr und mehr eigene gute Entscheidungen treffen können - all das vermittelt Claudia Filker auf ihre gute, praktische Art: kurz, klar, mit Humor und mit vielen Alltagsbeispielen aus Beruf und Familie. Damit spricht sie Frauen in allen Alters- und Lebenssituationen an.

Ganz nebenbei wird Grundsätzliches deutlich: Leben heißt Entscheidungen treffen. Und Lebensqualität wächst mit einer zunehmenden Gelassenheit – und mit der Fähigkeit, nicht alles zu wollen, es nicht allen recht machen zu müssen. Also: mit der Freiheit loszulassen. Was daraus folgt, ist die Erfahrung, in der Reduzierung Tiefgang zu erleben: „Weniger ist mehr".

Ein durch und durch praktisches „So kanns gehen"-Buch!

BRUNNEN VERLAG GIESSEN
www.brunnen-verlag.de